AF240644

ALPHABET FRANÇOIS,

enrichi d'un vocabulaire & des dialogues les plus faciles ;

à l'ufage de la Jeuneſſe Ruſſe.

NOUVELLE EDITION,

Revue, corrigée & augmentée en beaucoup d'endroits.

A St. Pétersbourg,

De l'Imprimerie de l'Académie des Sciences.

MDCCLXXIII.

Non funt contemnenda quafi parva, fine quibus magna conftare non poffunt.

S. HIERONYMUS, *Epift. ad Laetam.*

Il ne faut pas méprifer comme bagatelles, les petites chofes fans lesquelles les grandes ne fauroient fubfifter.

S. J'EROME, *Epître à Laeta.*

ALPHABET

ET

SYLLABAIRE FRANÇOIS.

Il y a vingt - quatre Lettres dans l'Alphabet François, savoir :

Les gros Caractéres

ou

Lettres majuscules :

A B. C. D. E. F. G. H.
I. J. L. M. N. O. P. Q. R.
S. T. U. V. X. Y. Z.

Les petits Caractéres :

a. b. c. d. e. f. ff. g. h. i.
j. l. m. n. o. p. q. r. s. ſ.
ſſ. t. u. v. x. y. z.

A 2   Les

Les lettres se divisent en voyelles & en consonnes.

Les voyelles sont :

a. e. i. o. u. y grec.

Les consonnes sont :

b. c. d. f. g. h. j. l. m. n. p. q. r. s. s. t. v. x. z.

Le k & le w ne sont en usage chez les François que pour les mots étrangers, comme : *Kiel*, *Königsberg*, *Kent*, *Wibourg*, la *Wolga*, la *Westphalie*, *Waldeck*, &c.

Syllabes de deux lettres.

Ba	be	bé	bi	bo	bu
Ca	ce	cé	ci	co	cu
Da	de	dé	di	do	du
Fa	fe	fé	fi	fo	fu
Ga	ge	gé	gi	go	gu
Ha	he	hé	hi	ho	hu
Ja	je	jé	ji	jo	ju
La	le	lé	li	lo	lu
Ma	me	mé	mi	mo	mu

Na

Na	ne	né	ni	no	nu
Pa	pe	pé	pi	po	pu
Ra	re	ré	ri	ro	ru
Sa	fe	fé	fi	fo	fu
Ta	te	té	ti	to	tu
Va	ve	vé	vi	vo	vu
Xa	xe	xé	xi	xo	xu
Za	ze	zé	zi	zo	zu

Syllabes de trois lettres.

Bla	ble	blé	bli	blo	blu
Bra	bre	bré	bri	bro	bru
Cha	che	ché	chi	cho	chu
Cla	cle	clé	cli	clo	clu
Cra	cre	cré	cri	cro	cru
Dra	dre	dré	dri	dro	dru
Fla	fle	flé	fli	flo	flu
Fra	fre	fré	fri	fro	fru
Gla	gle	glé	gli	glo	glu
Gna	gne	gné	gni	gno	gnu
Gra	gre	gré	gri	gro	gru
Gua	gue	gué	gui	guo	guu
Mna	mne	mné	mni	mno	mnu
Pha	phe	phé	phi	pho	phu
Pla	ple	plé	pli	plo	plu

Pra	pre	pré	pri	pro	pru
Pſa	pſe	pſé	pſi	pſo	pſu
Qua	que	qué	qui	quo	quu
Rha	rhe	rhé	rhi	rho	rhu
Sba	ſbe	ſbé	ſbi	ſbo	ſbu
Sca	ſce	ſcé	ſci	ſco	ſcu
Spa	ſpe	ſpé	ſpi	ſpo	ſpu
Sta	ſte	ſté	ſti	ſto	ſtu
Tha	the	thé	thi	tho	thu
Tla	tle	tlé	tli	tlo	tlu
Tra	tre	tré	tri	tro	tru
Vra	vre	vré	vri	vro	vru

Autres ſyllabes de trois lettres.

Acs	ecs	ics	ols	ucs
Sacs	*becs*	*tics*	*vols*	*ducs*
Act	ect	ids	oph	uds
Exact	*correct*	*nids*	*philoſophe*	*nuds*
Alc	efs	ifs	oqs	uls
Talc	*chefs*	*des ifs*	*coqs*	*calculs*
Apt	eph	ils	orc	ulte
Rapt	*joſéph*	*fils*	*porc*	*adulte*
Arc	eps	iſc	ord	urs
Marc	*ceps*	*fiſc*	*bord*	*murs*
Ard	erd	irs	ort	uſe
Fard	*verd*	*deſirs*	*fort*	*muſe*

Art

Art	*eſt*	its	oth	uts
Un art	*le vent d'eſt frits*		*goth*	*buts*
Amp	anc	and	ang	ant
Champ	*banc*	*grand*	*rang*	*enfant*
End	ens	ent	inq	ins
Il rend	*encens*	*vent*	*cinq*	*fins*
Int	oms	onc	ond	ong
Il vint	*noms*	*jonc*	*rond*	*long*
Ums	uns	unt		
Parfums ,	*les uns*	*défunt*		

Voyelles compoſées.

Ae	ai	ao	au	ea
Caen	*j'ai*	*Laon*	*fau*	*jugea*
Ei	ey	eo	eu	oi
Pleine	*le Bey*	*geolier*	*feu*	*oignon, foible*
Ua	ue	ui	uo	un
Qualité	*querele*	*vuide ,*	*quotité*	*quelqu'un*
Eoi	oeu	eai	eau	eue
Gageois	*voeu*	*geai*	*beau*	*bleue*
Oie	eoie	ou	oue	aou
Une oie	*jugeoient*	*fou*	*roue*	*le mois d'août*

AE *n'eſt plus d'uſage dans la langue fran-*
çoiſe , & œ *ne ſe trouve guére que dans* oeuf,
oeuvre, oeil, moeurs, &c. *Pluſieurs n'écri-*

vent

vent déjà plus que par une é, économe &
ses derivés. Voyez la Méthode nouvelle pour
apprendre à lire. Paris 1755.

Syllabes composées de voyelles.

Aid	air	ais	ait	aix
Laid	*pair*	*un ais*	*fuit*	*faix*
Auf	aut	aux	eat	eut
Sauf	*vaut*	*faux*	*jugeât,*	*il pleut*
Euf	oeufs	eul	eur	oeur
Veuf	*des oeufs*	*seul*	*peur*	*coeur*
Eux	aon	aim	ain	ean
Deux	*paon*	*faim*	*pain*	*jean*
Ein	eign	eint	eon	eun
Plein	*seign*	*ceint*	*pigeon*	*à jeun*
Oul	eau	oud	ouc	oues
Le pouls	*beau*	*cloud*	*bouc*	*joues*
Ouf	oug	oup	ours	oux
Pouf	*joug*	*loup*	*jours*	*doux*

Syllabes de quatre, cinq & six lettres.

Blanc	bled	brins	bloc	boeuf	brut
Clar	clerc	Christ	choc	corps	crue
Dact	Delft	diph	dont	dort	ducs
Faon	frais	fils	fort	fleurs	faux

Grand

Grand	grec	gril	goths	guet	gaul
Gai	geai	g in	geons	gueur	gueux
Haut	hier	hies	hors	heur	hues
Jean	j'eus	j'ins-	j'obs-	jonc	jeun
Lacs	laids	legs	l'hom-	long	lynx
Meaux	Metz	mies	mont	mort	moeufs
Nard	nerfs	nirs	noms	noeuds	nues
Plaids	phleg-	phthi-	plomb	prompt	pleurs
Quand	quels	quées	quint	qu'on	qu'un
Raph-	Rheims	reins	Rhin	Roch	ryth-
Salm	seps	scies	seing	sort	seul
Scan	scel	schis-	sphinx	styx	sculp-
Tact	temps	tinct	tzar	taon	turcs
Veaux	verds	vingt	voeux	vorms	vues
Xant	xain-	zist	zest	zou	zoph
Août	bourgs	coups	goût	glou	houx
Joues	jougs	lourds	loups	moux	nous
Pou	soul	sourds	Toul	Tours	vous

Diphtongues.

Ia	ié	io	oa	oë
Liard	*chatié ,*	*fiole*	*Roane*	*poële*
Oi	ua	ue	ui	eoi
Roi	*aquatique*	*équestre*	*lui*	*seoir*
Iai	iau	ieu	ioi	iou
Biais	*miauler*	*lieu*	*étudioit*	*chiourme*

      Oie

Oie	oua	oué	oui	uie
Voie	*ouate*	*gouêtre*	*oui*	*suie*
Yeu	ieue	ioie	ouai	il
Yeux	*lieue*	*étudioient*	*ouais*	*exil*

Syllabes de diphtongues.

Iac	iar	ief	iel	ier
Gaïac	*milliart*	*fief*	*fiel*	*biére*
Iez	yo	oéf	oet	oif
Lisiez	*york*	*coëffe*	*boëte*	*soif*
Oil	oir	ois	oit	oix
Poil	*voir*	*pois*	*voit*	*voix*
Uel	uif	uil	uir	uit
Ecuelle	*juif*	*aiguille*	*fuir*	*cuit*
Ieur	ian	ien	ion	oin
Sieur	*viande*	*Etienne*	*lésion*	*coin*
Uin	ouan	ouen	ouin	ouein
Juin	*jouant*	*Rouen*	*fouine*	*S. ouein*
Ail	eil	oail	ouail	ieil
L'ail	*treille*	*joaillier*	*une ouaille*	*vieille*
Oeil	euil	ueil	uil	ouil
L'oeil	*deuil*	*écueil*	*cuiller*	*bouille*

Autres

Autres syllabes de diphtongues.

Bail	biais	biens	-beils	boët-	buis
Cail	coëf-	* cueil	cheoir	cuirs	ouen
Dia-	Dieux	* deuil	doigts	d'hui	douan-
Fouail	fiel	* feuil	fruits	fouet	fouil-
Goua	guier	* gueil	grouin	gueux	gouet
Hail	hiéb-	huil-	huit	hoirs	houst-
Joail	joie	juifs	juin	joint	joar-
Liards	* l'oeil	lieux	loin	lui	loir
Mail	moël-	muids	mienne	moir	mouil-
Niacs	niais	nuits	noirs	noail-	noix
Pail	pieds	poës-	pluie	poing	poail-
Qu'ail	quiet	quir	qu'oui	qu'in	rouille
Rail	Rouen	riez,	rieux	rouil-	rouet
Sail	sien	suie	sieur	soif	souil-
Touail-	tiens	truie	Troies	Troyes	-thieu
Uian-	vies	vieil	vieux	vois	-vions

** Les mots en* ueil *& en* oeil *se prononcent* euil
dans deuil , feuille , *& semblables.*

Accens & autres figures de la Prononciation &
de la ponctuation.

L'*e* muet ne se prononce presque pas &
ne prend point d'accent, par ex :

lire,

lire, faire, croire, ils diſent, ils rient, ils jouoient, ils danſoient, ils jurent, ils grondent.

S'il ſe prononce aigu ou fermé, il prend l'accent aigu (é):

ſon aigu { l'amitié, la moitié, lié, etudié. logé, relegué, ſoigné, éveillé, marque, paye, eſſuyé, varié, parié.

ſon fermé { aimé, révcré, la bonté, la vérité, le fléau, le néant, Creſus, Theſée, Théologien, Deſpreaux, Mr. de Réaumur, St. Réal, aſſurément.

S'il a le ſon ouvert à la fin d'un mot & qu'il ſoit accompagné d'une *s*, il prend l'accent grave (`):

près, auprès, le ſuccès, le procès, l'accès, dès, *prépoſition* ou *conjonction*, le recès, le profès, maître-ès-arts, très-, *adverbe*.

C'eſt là le ſeul cas où il ſoit permis d'employer l'accent grave ſur l'*e*. Ceux qui le mettent indiſtinctement ſur tous les *e* qui leur ſemblent ouverts; le font ou par habitude ou par imitation & ſûrement ſans la moindre connoiſſance des principes de l'orthographe.

L'ac-

L'accent circonflexe (^) fe met fur toutes les voyelles longues dans la prononciation, par ex :

l'âge l'âne, le plâtre, une marâtre, rou-
geâtre, blanchâtre, un bât, qu'il allât
nous allâmes, vous allâtes, la tête, la
fête, la fenêtre, un prêtre, la forêt, un
benêt, une huître, le pupitre, nous vî-
mes, vous vîtes. nous fîmes, vous fûtes,
nous vînmes, vous vîntes, le dôme, le
Rhône, un impôt, un drôle, une drô-
lerie, le faîte, paître, naître, paroître,
connoître, afin qu'il vît, qu'il crût, qu'il
confeffât, même, le fyftême, le baptême,
le fût, le rhûme, le jeûne &c.

L'o dans *nôtre* & *vôtre*, ne prend pas le
circonflexe quand ces pronoms font conjonctifs,
c'eft-à dire placés avant le fubftantif :

Notre maifon eft agréablement fituée.
Mr. votre pére eft-il de retour ?

Mais fi ces pronoms font abfolus, c'eft-
à-dire placés après le fubftantif, ou fimplement accompagnés des articles *le la les*, *l'o*
devenant long prendra l'accent :

Voici mon chapeau, & voilà le vôtre.

Si vous n'avez point votre caroſſe, ſer-
vez-vous du nôtre.

Lorſqu'un *c* devant un *a*, un *o* ou un *u*
doit ſe prononcer comme une *ſ*, on lui fait
au-deſſous un petit crochet ou *c* retourné,
en cette façon (ç), qu'on appelle *cédille* :
Exemples : *il avança, garçon, conçu*, &c.

Les deux points écrits horizontalement
en cette façon (¨) ſur un *ë*, un *ï* ou un *ü*
s'appellent diéréſe, & marquent que la voyelle ſur laquelle elle eſt, ne fait pas une
même ſyllabe ou un même ſon avec la voyelle qui la précéde ou qui la ſuit : Ex.
poëte, haïr, Saül, ïota.

L'apoſtrophe (l') prend la place de la
voyelle que l'on retranche des dix monoſylla-
bes ſuivans, mis devant des mots qui commencent par une voyelle ou par une h muette :

le, la, de, je, me, te, ſe, ce, que, ne.
Par. ex : l'âge, l'homme, l'épée, l'heure,
d'abord, aujourd'hui, j'ai, j'irai, il
m'aime, on m'entend, je t'aime, elle
s'endort, c'eſt moi, c'en eſt fait, qu'il
aille, qu'elle vienne, n'importe.

Si,

Si, devant *il*, *ils* : s'il lisoit, s'ils **y** vont.

Jusque, sans *s* : jusqu'ici, jusqu'à demain.

Quelque, devant *un*, *une* : quelqu'un, quelqu'une.

Grande, devant quelques mots qui commencent par une consonne, pour en rendre la prononciation plus douce : la grand'salle, ma grand'mére, la grand'messe, la grand'garde, j'ai grand'peur, c'est grand'pitié, à grand'peine, &c.

Entre, dans entr'acte, entr'eux, entr'elles, entr'autres.

Huit & *onze* ne souffrent point d'apostrophe : le huit, le huitiéme, le onze, le onziéme.

On se sert du *Trait d'union* (-) ou du *Tiret* pour joindre deux ou trois mots qui n'expriment qu'une même chose, & pour marquer la transposition du Pronom personnel après son Verbe dans l'interrogation. Par ex:

le Grand-Duc, le Général-Feld-Maréchal, le passe-par-tout, sans-cesse, par-conséquent, Jésus-Christ, très-humblement, très-bien.

Dois-je ? irai-je ? où allez-vous ? que dit-il ? que fait-elle ? y est-il ? dînerons-nous bientôt ? ont-ils joué ? que font-elles ? Dites-moi, racontez-nous, allez-y ; mangez-en, &c.

Si le Verbe finit en *a* ou en *e* muet, on met un *t* entre le Verbe & le Pronom, féparé par deux tirets :

a-t-il fait ? où va-t-elle ? jouera-t-on ? joue-t-elle ? de quoi parle-t-on ? vas-t'en.

A l'égard de la Ponctuation, on met la *Virgule* (,) pour féparer des mots qui font fous le même régime, quand le nominatif eft répété, ou que la conjonction *&* coupe le fens. Par ex :

Il a vendu fon palais, fes équipages, fa maifon de campagne, & tout ce que fa femme lui avoit apporté en mariage.

Un homme qui n'eft pas riche, qui a fait une grande fortune, s'il n'a beaucoup d'efprit, devient fier & méprifant.

Les foins continuels appéfantiffent l'efprit, & lui ôtent fa vivacité.

On met le *Point-virgule* (;) quand la phrafe fuivante dépend de la précédente pour le régime. Par ex :

Le

Le livre du Philofophe, c'eft la Nature; fon patrimoine, c'eft la vertu; fa patrie, c'eft la Terre; fes favoris, font fes envieux; fon ennemi, c'eft le vice; fes Tréforiers, font les indigens.

On met *les deux Points* (:) quand la phrafe fuivante ne dépend de la précédente que pour le fens.   Par ex :

Les termes fuperflus ne contribuent guére à embellir l'expreffion : ils l'embarraffent, & la rendent obfcure: ce font des écueils où donnent certaines gens qui ont l'imagination trop feconde.

On met le *Point* (.) quand toutes les parties de la Période forment un fens complet.   Par ex :

Dans la vie on a mille défagrémens à effuyer : Pertes, chagrins, langueurs, & fouvent des difgraces inopinées; tout nous convainque qu'il n'y a de vrai bonheur à efpérer que dans l'autre vie.

Le *Point interrogant* fe fait ainfi (?) Que fouhaitez-vous ? Fait-il beau tems ?

Le

Le Point admiratif ou exclamatif (!) : ô tems ! ô moeurs ! Que de riches n'a-t-il point diffipées !

La Parenthéfe fe met entre deux virgules quand elle eft courte, & entre deux crochets ( ) quand elle eft longue.

Pour conclufion, Monfr. (car il eft bien tems de finir) je me borne à vous dire que je fuis &c.

REMARQUES
fur quelques points d'Orthographe.

C'eft une grande faute que d'écrire par *és* la finale de la feconde perfonne du plurier des Verbes : par ex : vous *avés* vous *aviés* vous *étiés*, *croyés* &c. pour vous *avez* vous *aviez*, vous *étiez*, *croyez* &c. L's n'eft affectée qu'aux parties déclinables, comme le fubftantif & le participe, pour en marquer fimplement le nombre plurier & rien plus : Au-contraire le *z* eft conftamment affecté aux verbes pour fixer le fon de l'*e* final & diftinguer

ftinguer par-là le verbe de fon participe &
du nom.

Il ne faut pas non plus écrire: *il avait,
il était, ils avaient, ils étaient*, ni *Anglais,
Français* &c. pour *il avoit, il étoit, ils a-
voient, ils étoient, François, Anglois* &c. Outre
que cette nouveauté ferviroit à introduire
une prononciation arbitraire & fauffe, elle
eft abfolument contraire au principe d'ana-
logie, qui veut que les diphtongues *oi* & *ai*
fuivent la dérivation des mots auxquels elles
appartiennent.

On peut retrancher l'*y* grec des mots,
où il s'écrit fans principe; mais il eft né-
ceffaire de l'employer dans les cas, où il tient
la place de deux *ii*, par ex, *joyeux, Roy-
aume, pays, payfan*. De fubftituer dans ce
cas un fimple *i* ou un *ï* tréma, c'eft em-
brouiller la prononciation.

L'*ï* tréma doit néceffairement s'employer
dans le cas où il ne fait pas fyllabe avec la
voyelle qui le précéde, par ex: *païen, aïeul,
bifaïeul camaïeu*, &c.

LECTU-

LECTURES EN FRANÇOIS.

L'O - raiſ - on ,   Do - mi - ni - ca - le.

No-tre, Pé-re, qui, nê-tes, aux, cieux, vo-tre, nom, ſoit, ſan-cti-fi-é; vo-tre, re-gne, vien-ne; vo-tre, vo-lon-té, ſoit, fai-te, ſur, la ter-re, com-me, au, ciel: Don-nez-nous, au-jour-d'hui, no-tre, pain, quo-ti-dien; par-don-nez-nous, nos, of-fen-ſes, com-me, nous, par-don-nons, à, ceux, qui, nous, ont, of-fen-ſés: Et, ne, nous, laiſ-ſez, point, ſuccomber en, ten-ta-ti-on; mais, dé-li-vrez-nous, du-mal. Ain-ſi, ſoit-il.

Отче нашъ, иже еси на небесѣхъ, да святится имя твое, да прїидетъ царствїе твое, да будетъ воля твоя, яко на небеси и на земли, хлѣбъ нашъ насущный даждь намъ днесь, и остави намъ долги наша, якоже и мы оставляемъ должникомъ нашимъ, и не введи насъ во искушенїе, но избави насъ отъ лукаваго.

La , Sa-lu-ta-ti-on , *An-ge-li-que , à , la ,* *très Sain-te , Vier-ge ,* *Ma-ri-e.*	Поздравленіе Ан- гельское ко пречистой дѣвѣ Богородицѣ.

Je, vous, sa-lue, Ma-ri-e, plei-ne, de, gra-ce, le, sei- gneur, est, avec, vous; vous, ê-tes, be-ni-te, en-tre, tou-tes, les, fem-mes, &, benit, soit, le, fruit, de, vo-tre, ven-tre, ay- ant, mis, au, mon- de, le, sau-veur, de, nos, a-mes.	Богородице дѣво радуйся , благо- датная Маріе, Гос- подь съ тобою, бла- гословенна ты въ же- нахъ и благословенъ плодъ чрева твоего, яко Спаса родила еси душъ нашихъ.

Symbole de la Foi *orthodoxe.*	Сѵмволъ право- славныя вѣры.

Je crois en un seul Dieu le pére tout puissant , créateur du ciel & de la terre & de toutes choses visibles &	Вѣрую во-единаго Бога Отца все- держителя, Творца небу и земли, види- мымъ же всѣмъ и не-

invi-

invisibles; & en Jésus-Chrift, notre Seigneur, fils unique de Dieu, né du pére avant tous les fiécles ; Lumiére de la lumiére , vrai Dieu fils du vrai Dieu , engendré & non fait, confubftantiel au pére, & par qui toutes chofes ont été faites; qui eft defcendu du ciel pour notre falut, a été conçu du St. Efprit, & eft né de la Vierge Marie ; qui a été crucifié pour nous fous Ponce Pilate, a fouffert , a été enfeveli, & eft reffufcité le troifiéme jour felon les Ecritures ; il eft monté au ciel, eft affis à la droite du pére, & reviendra avec gloire juger les vivans & les morts , & fon régne

видимымъ. И во единаго Господа Іисуса Хрїста , Сына Божїя , единороднаго , иже отъ Отца рожденнаго прежде всѣхъ вѣкъ. Свѣта отъ свѣта , Бога истинна отъ Бога истинна , рожденна , не сотворенна , единосущна Отцу , имже вся быша. Насъ ради человѣкъ , и нашего ради спасенїя , сшедшаго съ небесъ , и воплотившагося отъ Духа свята, и Марїи дѣвы, и вочеловѣчшася. Распятаго же за ны при Понтїйстѣмъ Пилатѣ, и страдавща , и погребенна , и воскресшаго въ третїй день по писанїемъ. И возшедшаго на небеса , и сѣдяща
n'aura

n'aura point de fin. Je crois au Saint Efprit, le feigneur vivifiant, qui procéde du pére, qui eft adoré & glorifié avec le pére & le fils, & qui a parlé par les Prophetes. Je crois une fainte Eglife univerfelle & apoftolique. Je crois un faint Batême pour la remiffion des péchés; & j'attends la réfurrection des morts, & la vie éternelle. Ainfi foit-il.

одесную Отца. И паки грядущаго сославою судити живымъ и мертвымъ, его же царствїю не будетъ конца. И въ Духа Святаго Господа, животворящаго, иже отъ Отца исходящаго, иже со Отцемъ и Сыномъ споклоняема, и славима, глаголавшаго Пророки. Во едину святую, соборную и Апостольскую церьковь. Исповѣдую едино крещенїе во оставленїе грѣховъ. Чаю воскресенїя мертвыхъ, и жизни будущаго вѣка, аминь.

Pſaume 50.

Псаломъ 50.

O Dieu! aie pitié de moi felon ta gra-

Помилуй мя Боже, по велицѣй ми-
ѕти;

tuité , selon la gran-
deur de tes compaſſions
efface mes forfaits. La-
ve - moi parfaitement
de mon iniquité , &
me nettoie de mon pe-
ché. Car je connois
mes transgreſſions , &
mon péché eſt conti-
nuellement devant moi.
J'ai péché contre toi,
contre toi proprement,
& j'ai fait ce qui dé-
plait à tes yeux : afin
que tu ſois connu juſte
quand tu parles , &
trouvé pur quand tu
juges. Voilà, j'ai été
formé dans l'iniquité,
& ma mére m'a conçu
dans le péché. Voilà,
tu aimes la vérité dans
le coeur, & tu m'as
enſeigné la ſageſſe dans
le ſecret de mon ame.
Purifie - moi du péché

лости твоей , и по
множеству щедротъ
твоихъ очисти без-
законїе мое. Наипаче
омый мя отъ безза-
конїя моего , и отъ
грѣха моего очисти
мя. Яко беззаконїе
мое азъ знаю, и грѣхъ
мой предо мною есть
выну. Тебѣ единому
согрѣшихъ , и лука-
вое предъ тобою со-
творихъ. Яко да о-
провдишися во слове-
сѣхъ твоихъ, и по-
бѣдиши, внегда су-
дити ти. Се бо въ
беззаконїихъ зачатъ
есмь , и во грѣсѣхъ
роди мя мати моя.
Се бо истинну воз-
любилъ еси , без-
вѣстная и тайная
премудрости твоея
явилъ ми еси. Окро-

avec

avec de l'hyſope, & je ſerai net; lave-moi, & je ſerai plus blanc que la neige. Fais-moi entendre la joie & l'alégreſſe, & fais que les os que tu as briſés ſe réjouiſſent. Détourne ta face de mes péchés, & efface toutes mes iniquités. O Dieu crée en moi un coeur net, & renouvelle au-dedans de moi un eſprit de pureté. Ne me rejette point de devant ta face, & ne m'ôte point l'eſprit de ta ſainteté, Rends-moi la joie de ton ſalut, & que l'eſprit d'alégreſſe me ſoutienne. J'enſeignerai tes voies aux transgreſſeurs, & les pécheurs ſe convertiront à toi. O Dieu! Dieu

пиши мя ѵссопомъ, и очищуся: омыеши мя, и паче снѣга убѣлюся. Слуху моему даси радость и веселїе, возрадуются кости смиренныя. Отврати лице твое отъ грѣхъ моихъ, и вся беззаконїя моя очисти. Сердце чисто созижди во мнѣ Боже, и духъ правъ обнови во утробѣ моей. Не отвержи мене отъ лица твоего, и Духа твоего Святаго не отъими отъ мене. Воздаждь ми радость спасенїя твоего, и духомъ владычнымъ утверди мя. Научу беззаконныя путемъ твоимъ, и нечестивїи къ тебѣ обратятся. Из-

de

de mon salut, délivre-
moi de sang, & ma
langue chantera haute-
ment ta justice. Sei-
gneur, ouvre mes lé-
vres, & ma bouche
annoncera ta louange.
Car tu ne prens point
plaisir aux sacrifices,
sans quoi je t'en offri-
rois, & l'holocauste ne
t'est point agréable. Les
sacrifices agréables à
Dieu, sont l'esprit froiss-
fé. O Dieu! tu ne mé-
prises point le coeur
froisse & brisé. Fais du
bien selon ta bienveil-
lance à Sion, & édifie
les murs de Jérusalem.
Alors tu prendras plaisir
aux sacrifices de justice,
à l'holocauste, & aux sa-
crifices qui se consu-
ment entiérement par
le feu; alors on offrira
des veaux sur ton autel.

бави мя отъ кровей,
Боже, Боже спасе-
нïя моего; возрадует-
ся языкъ мой правдѣ
твоей. Господи
устнѣ мои отверзе-
ши, и уста моя воз-
вѣстятъ хвалу твою.
Яко аще бы восхо-
тѣлъ еси жертвы,
далъ быхъ убо: все-
сожженïя не благо-
волиши. Жертва
Богу духъ сокрушенъ,
сердце сокрушенно,
и смиренно Богъ не
уничижитъ. Ублажи
Господи благоволе-
нïемъ твоимъ Сïона,
и да созиждутся
стѣны Іерусалим-
скïя. Тогда благо-
волиши жертву прав-
ды, возношенïе, и
всесожигаемая. Тог-
да возложатъ на ол-
тарь твой тельцы.
LE

LE DECALOGUE, OU LES DIX COM-MANDEMENS DE DIEU.

ДЕСЯТОСЛОВІЕ.

1.

Ecoute, Ifraël : Je fuis le Seigneur ton Dieu, qui t'ai retiré du pays d'Egypte & de la maifon de fervitude; Tu n'auras point d'autres Dieux devant ma face.

Азъ есмь Господь Богъ твой, изведый тя отъ земли Египетскія, отъ дому работы. Не будутъ тебѣ бози инїи, развѣ мене.

2.

Tu ne te feras aucune image, ni reffemblance des chofes qui font là haut au ciel, ni ici bas fur la terre, ni dans les eaux qui font fous la terre; tu ne les adoreras point, & tu ne les ferviras point.

Не сотвориши себѣ кумира, и всякаго подобїя, елика на небеси горѣ, и елика на земли низу, и елика въ водахъ подъ землею, не поклонишися имъ, нижѐ послужиши имъ.

3.

Tu ne prendras point le nom du Seigneur ton

Не возмеши имене Господа Бога твоего Dieu

Dieu en vain: Car Dieu ne regardera point comme innocent celui qui aura pris son nom en vain.	всуе. Не очиститъ бо Господь прïемлющихъ имя его всуе.

4.

Souviens-toi de sanctifier le jour du sabbat.	Помни день субботный святити его.

5.

Honore ton pére & ta mére, afin que tu sois heureux, & que tu vives long-tems sur ta terre, que le Seigneur ton Dieu t'a donnée.	Чти отца твоего, и матерь твою, да благо тебѣ будетъ, и да долголѣтенъ будеши на зимли: юже Господь Богъ твой даде тебѣ.

6.

Tu ne tueras point.	Не убïеши.

7.

Tu ne commettras point d'adultére.	Не прелюбы сотвориши.

8.

Tu ne déroberas point.	Не украдеши.

9.

Tu ne diras point de faux témoignage contre ton prochain.	Не воспослушествуеши на ближняго твоего свидѣтельства ложна.

10.

Tu ne convoiteras point la femme de ton prochain ; tu ne defireras point la maifon de ton prochain, ni fon village, ni fon ferviteur , ni fa fervante , ni fon boeuf, ni fon âne , ni aucun de fes beftiaux , ni rien de ce que ton prochain poffède.	Не возжелаеши жены ближняго твоего , не возжелаеши дому ближняго твоего , ни села его , ни отрока его , ни отроковицы его , ни вола его , ни осляте его , ни всякаго скота его , нижè елика суть ближняго твоего.

Priére du matin.	*Молитва утренняя.*

A mon reveil je vous rends grace, fainte Trinité, de ce que par votre grande bonté &

Отъ сна воставъ , благодарю тя святая Троице , яко многïя ради твоея

votre patience vous ne
vous êtes pas irritée
contre moi qui fuis un
pauvre pécheur , &
que vous ne m'ayiez
pas perdu avec mes pé-
chés; mais de ce que
vous avez ufé de votre
clémence ordinaire en
me faifant voir la lu-
miére de ce jour, pour
glorifier votre Majefté:
Eclairez donc les yeux
de mon entendement,
ouvrez ma bouche pour
que j'apprenne vos pa-
roles, que je compren-
ne vos commandemens
& que je faffe votre vo-
lonté, pour que je chan-
te vos louanges par la
confeffion de mon
coeur & que je loue
maintenant & à jamais
& dans les fiécles des
fiécles le faint nom du

благости, и долго-
терпѣнїя, не прогнѣ-
вался еси на мя лѣ-
ниваго и грѣшнаго,
ниже погубилъ мя
еси со беззаконїями
моими: но человѣко-
любствовалъ еси
обычно, и въ нечаянїи
лежащаго воздвиглъ
мя еси, воеже ут-
ренневати, и славо-
словити державу
твою, и нынѣ про-
свѣти мои очи мы-
сленныя, отверзи
моя уста, поучати-
ся словесемъ твоимъ,
и разумѣти заповѣди
твоя, и творити
волю твою, и пѣти
тя во исповѣданїи
сердечнѣмъ, и воспѣ-
вати всесвятое имя
твое, Отца, и Сына,
и Святаго Духа, ны-

Pére, du Fils & du Saint Esprit. Ainsi soit-il.	нѣ и присно, и во вѣки вѣковъ, аминь.

Priére du foir.	*Молитва вечерняя.*
Seigneur mon Dieu, trouverai-je mon tombeau dans ce lit, ou me ferez-vous encore voir le jour ? Voici le fépulchre devant moi, & la mort eſt à mes côtés: Je crains, ô mon Dieu, votre jugement & les peines éternelles des méchans, & cependant je ne ceſſe de pécher. Je vous offenſe, ô mon Dieu, vous & votre très-fainte mére, & toute l'armée céleſte & mon faint ange gardien. Je fais donc, ô mon feigneur, que je ne fuis pas digne de votre miféricorde, mais	Владыко человѣколюбче, не уже ли мнѣ одръ сей гробъ будетъ : или еще окаянную мою душу просвѣтиши днемъ : се ми гробъ предлежитъ; се ми смерть предстоитъ. Суда твоего, Господи, боюся, и муки безконечныя, злое же творя не престаю, тебе Господа Бога моего всегда прогнѣвляю, и пречистую твою Матерь, и вся небесныя силы, и свята го Ангела храните ля моего. Вѣмъ убо, Господи, яко не que

que je mérite la con-
damnation & l'enfer.
Daignez cependant me
fauver, que je le veuille,
ou que je ne le veuille
pas; car fi vous ne fau-
vez que le jufte, il n'y
a rien d'étonnant; fi
vous n'avez pitié que
de celui qui eft pur, il
n'y a rien de furpre-
nant, ils font dignes
de votre clémence. Fai-
tes au contraire, que
tout l'univers admire
votre miféricorde en
moi, qui fuis un mi-
férable pécheur: faites
éclater par-là votre
bonté, & que ma ma-
lice ne furpaffe point
votre clémence & vo-
tre miféricorde infinie,
& conduifez-moi felon
votre volonté.

достоинъ есмь чело-
вѣколюбїя твоего,
но достоинъ есмь
всякаго осужденїя и
муки. Но Господи,
или хощу или не
хощу, спаси мя: аще
бо праведника спасе-
ши, ничтоже велїе,
и аще чистаго по-
милуеши, ничтоже
дивно, достойни бо
суть милости тво-
ея: но на мнѣ грѣ-
шнѣмъ удиви ми-
лость твою, и осемъ
яви человѣколюбїе
твое, да не одолѣетъ
моя злоба твоей не-
изглаголанной бла-
гости, и милосер-
дїя, и якоже хоще-
ши, устрой о мнѣ
вещь.

Abréviations en françois.

N. S. fignifie :	Notre Seigneur *ou* Sauveur.
J. C.	Jéfus-Chrift.
S. Ste. SS.	Saint, Sainte, Saints.
Pf. *ou* Pfeau.	Pfeaume.
Ant.	Antienne.
C. ch. *ou* chap.	Chapître.
V. vers.	Verfet.
R. *ou* Rép.	Réponfe.
Ep. *ou* Epît.	Epître.
Ev. *ou* Evang.	Evangile.
M. MM.	Monfieur, Meffieurs.
Me. Mre.	Maître, Meffire.
Mme. Mle,	Madame, Mademoifelle.
S. M. V. M.	Sa Majefté, Votre Majefté.
S. M. I.	Sa Majefté Impériale.
V. M. I.	Votre Majefté Impériale.
Mgr. Le G. D.	Monfeigneur le Grand-Duc.
S. A. I.	Son Alteffe Impériale.
V. A. I.	Votre Alteffe Impériale.
S. A. R.	Son Alteffe Royale.
V. A. R.	Votre Alteffe Royale.
S. A. S.	Son Alteffe Séréniffime.
S. Ex. V. Ex.	Son Excellence, Votre Excellence.
S. S. V. S.	Sa Sainteté, Votre Sainteté.
L. S. P.	Le Saint Pére.
L'A. T.	L'Ancien Teftament.
Le N. T.	Le Nouveau Teftament.
§. fignifie	Paragraphe.
Sect.	Section.
&c.	Et caetera, et le refte.

PETIT

PETIT VOCABULAIRE,

rangé par Leçons & entremélé de toute forte de phrases & d'expreffions familiéres, propres à mettre les jeunes gens en état de parler de bonne heure d'une façon nette & précife.

МАЛОЙ СЛОВАРЬ,

Раздѣленный на уроки и содержащій въ себѣ разныя изрѣченія употребительныя въ разгопорахъ, помощію которыхъ молодые люди въ скоромъ премени могутъ научиться гопоритъ по Французски чисто и прапильно.

I. Leçon.

Avant toute chofe, il faut accoutumer les jeunes gens à décliner les Articles avec toute forte de noms, en leur faifant fimplement répéter les trois changemens de chaque Article, fans les étourdir des fix cas de le langue latine, qui font fuperflus en françois; car le Nominatif & l'Accufatif font femblables, le Génitif & l'Ablatif auffi, le Datif fait le troifiéme cas, & le Vocatif eft fuperflu, puifque c'eft le nom feul, ou quelquefois accompagné de l'interjection ô, comme : *Pére ! Sire ! Monfieur ! Madame ! ô Ciel ! ô tems ! ô moeurs !* &c.

УРОКЪ I.

Прежде всего надлежитъ пріобучать молодыхъ людей склонять члены съ различными именами, по тремъ токмо окончаніямъ каждаго члена, не дѣлая имъ излишняго запрудненія шестью падежами Латинскаго языка, которые Французскому языку не свойственны; ибо Именительный и Винительный сутъ одинакіе, Родительный и Творитель-

тельный также, Дательный есть третей падежъ,
а Звательный изшлишней; ибо онъ всегда заклю-
чается въ имени, которое иногда постановляется
съ междометіемъ, О, какъ напр. Отецъ! Государь!
Государь мой! Государыня моя! о Небо! о Вре-
мена! о Нравы! ипр.

Déclinaison de l'article *défini* Le, La, L'.

Le, la, précédent les noms qui commencent par
une consonne ou par une *h* aspirée, par exemple:

Склоненіе члена опредѣленнаго Le, La, L'.

Le, la, предполагаются именамъ, которыя начинаются съ согласной или съ буквы *h.* напримѣръ.

Masculin.

Sing. le livre	•	•	**Един.**	Книга , книгу
du livre	•	•		Книги , книгою.
au livre	•	•		Книгѣ.
Plur. les livres	•	•	**Множ.**	Книги ,
des livres	•	•		Книгъ , книгами
aux livres	•	•		Книгамъ.

Sans qu'il soit besoin de répéter toujours *Singulier*
Pluriel, choses que la juste prononciation des articles
distingue assez, il suffira de décliner ainsi:

нѣтъ нужды повторять всегда Един. и Множ.,
ибо сіи числа довольно различаетъ правильное произ-
ношеніе членовъ, напримѣръ:

le héros	•	-	Герой , Героя
du héros	•	-	Героя , Героемъ
au héros	•	-	Герою ,
les héros	•	-	Герби , Героевъ
des héros	•	-	Героевъ Героями
aux héros	•	-	Героямъ.

Fem.

Féminin

la plume	-	Перо,
de la plume	-	Пера, пером
à la plume	-	Перу
les plumes	-	Перья
des plumes	-	Перьевъ, Перьями
aux plumes	-	Перьямъ
la hache	-	Топоръ
de la hache	-	Топора, топоромъ
à la hache	-	Топору
les haches	-	Топоры
des haches	-	Топоровъ, топорами
aux haches	-	Топорамъ

L' précéde les noms qui commencent par une voyelle ou par une *h* muette; par ex:

предполагается именамъ, кои начинаются съ гласной или съ буквы *h.* безгласной. напримѣръ.

l'ami	-	Другъ, друга
de l'ami	-	Друга, Другомъ
à l'ami	-	Другу
les amis	-	Друзья, друзей
des amis	-	Друзей, друзьями
aux amis	-	Друзьямъ
l'heure	-	Часъ
de l'heure	-	Часа, часомъ
à l'heure	-	Часу
les heures	-	Часы
des heures	-	Часовъ, Часами
aux heures	-	Часамъ

On observera que le nom prend toujours une *s* au pluriel, s'il n'en a point au singulier; que si le nom a une *s*, un *x* ou un *z* au singulier, il conserve ces lettres au pluriel;

riel; que les mots en *au*, *eu*, *ou*, prennent un *x* au pluriel, à quelques exceptions près pour *ou*, comme: *le fou*,
les fous, *le clou*, *les clous*, *le trou*, *les trous*; enfin, que
les mots en *al* & en *ail*, se terminent en *aux* au pluriel,
quoique la régle ne soit pas non plus générale.

Надлежитъ примѣчать, что имя всегда прини-
маетъ въ Множественномъ числѣ *s*, естьли оно
не имѣетъ его въ Единственномъ. Но ежели имя
имѣетъ въ Единственномъ числѣ *s* или *x*, или *z*,
то и въ Множественномъ оныя удерживаетъ. Что
слова кончащіяся на *au*, *eu*, *ou*, принимаютъ въ
Множественномъ *x*, выключая нѣкоторыя кончащіяся на *ou*, напр. *le fou*, дуракъ, *les fous*, дураки,
le clou, гвоздь, *les clous*. гвозди, *le trou*, скважина, *les*
trous, скважины. На концѣ, слова кончащіяся въ
Единственномъ на *al* и *ail* переменяются въ Множественномъ на *aux*, хотя и изъ сего правила нѣкоторыя слова выключаются.

Vocables & Phrases.	Слова и изрѣченія.
Le pére, les péres	Отецъ, отца, отцы, от-цовъ
La mére, les méres	Мать, матери, матерей
Le pére & la mére	Отецъ, и мать, отца и мать
Le frére & la soeur	братъ и сестра, брата и сестру
Le fils & la fille	Сынъ и дочь, сына и дочь
L'homme, les hommes	Человѣкъ, человѣка, лю-ди, человѣки, человѣ-ковъ, людей
Le mari & la femme	Мужъ и жена, мужа и жену
L'époux & l'épouse	Супругъ и супруга, су-пруга и супругу

L'ep-

L'enfant , les enfans - -	Младенецъ , младенцы , младенца , младенцовъ
Le garçon & la servante -	Дѣтина и служанка, дѣтину и служанку
La maison - - -	Домъ
Le jardin - - -	Садъ
Le logis - - -	Домъ
La cour - - -	Дворъ
L'appartement - -	Горница
La chambre - - -	Камера , покой
La clef du logis - -	Ключи отъ дому
La clef de la maison - -	Ключь отъ дому
La clef de la chambre -	Ключь отъ камеры
Le maître du logis - -	Хозяинъ
La maîtresse du logis - -	Хозяйка
Le maître est-il au logis ? -	Дома ли хозяинъ?
Oui, il est dans la chambre	У себя
Il est dans le jardin - -	Въ саду
Il n'est pas au logis - -	Нѣтъ его дома
Où est-il allé ? - - -	Куда онъ пошолъ
Il est sorti - - -	Онъ вышелъ
Il est allé au marché - -	Онъ пошолъ на рынокъ
Il est allé aux boutiques -	Онъ пошолъ въ ряды
Il est allé à l'église - -	Онъ пошолъ въ церьковъ
Il est allé à la promenade	Онъ пошолъ прогуливаться
Où est la maîtresse du logis?	Гдѣ хозяйка ?
Est-elle à la maison ? - -	Дома ли она ?
Non , elle n'y est pas -	Никакъ , нѣтъ ее дома
Où est-elle allée ? - -	Куда она пошла
Elle est allée à l'église -	Она пошла въ церьковъ
Elle est allée à la campagne	Она поѣхала въ деревню
Elle est allée aux nôces -	Она пошла на свадьбу
Elle est allée au baptême -	Она пошла на крестины

Le précepteur est-il ici ? -	Здѣсь ли учитель ?
La gouvernante est-elle là ?	Тамъ ли надзирательни-ца, учительница ?
Oui, il y est - - -	Онъ здѣсь
Non, il n'y est pas - -	Нѣтъ ево здѣсь
Oui, elle y est - -	Она тамъ
Non, elle n'y est pas - -	Нѣтъ ея тамъ
Que fait-il ? - - -	Что онъ дѣлаетъ ?
Il joue des instrumens -	Онъ играетъ на инстру-ментѣ
Il joue du violon - -	Онъ играетъ на скрыпкѣ
Il joue de la flute traversiére	Онъ играетъ на флейт-раверсѣ
Que fait-elle ?	Что она дѣлаетъ ?
Elle joue du clavecin - -	Она играетъ на клави-кордахъ
Elle joue de la guittare -	Она играетъ на цитрѣ
Elle touche bien le clavecin	Она хорошо играетъ на клавикордахъ
Elle touche bien l'orgue -	Она хорошо играетъ на органахъ
Jouons à quelque chose -	Поиграемъ въ какую ни-будь игру ?
A quoi jouerons-nous ? -	Въ какую ?
Jouons aux quilles - -	Станемъ играть въ ке-гли
Jouons au billard - -	Станемъ играть въ би-лїардъ
Jouons aux cartes - -	Станемъ играть въ карты.
Je ne saurois - - -	Я не умѣю
J'ai mal au bras - -	Плечо у меня болитъ
J'ai mal à la tête - -	Голова у меня болитъ
J'ai mal aux yeux - -	Глаза у меня болятъ

Elle

Elle a mal au doigt	Палецъ у ней болитъ
Elle a mal â la main	Рука у ней болитъ
Elle a mal au pied	Нога у ней болитъ
Il a la petite vérole	На немъ оспа
Il a la rougeole	На немъ сыпь
Il a la toux	У него кашель
Elle a la coqueluche	У ней сильной насморкъ
Elle a la fiévre	Она больна лихорадкою
Qui est là?	Кто тамъ?
Ouvrez la porte	Отопри дверь
Où est la clef?	Гдѣ ключь?
Fermez la porte	Запри дверь
Fermez la porte à la clef	Замкни дверь

II. Leçon.

Déclinaison de l'article *indéfini* De, à.

Ces deux particules se placent au second & au troisiéme cas de tous les noms propres & de beaucoup de pronoms; par exemple:

УРОКЪ II.

Склоненïе Члена De, à *неопредѣленнаго*

Сïи двѣ частицы поставляются во второмъ и третьемъ падежѣ всѣхъ имекъ собственныхъ и многихъ мѣстоименïй.

Dieu	богъ, бога
de Dieu	бога, богомъ
à Dieu	богу
Pierre	Петръ, петра
de Pierre	Петра, петромъ
à Pierre	Петру
Catherine	Екатерина, Екатерину
de Catherine	Екатеринѣ, Екатериною

à Cathe-

à Catherine	Екатеринѣ
St. Pétersbourg	Санктпетербургъ
de St. Pétersbourg	Санктпетербурга, Санктпетербургомъ
à St. Pétersbourg	Санктпетербургу
Berlin	берлинъ
de Berlin	берлина, берлиномъ
à Berlin	берлину

De s'apostrophe toujours devant une voyelle:
De передъ гласною всегда апострофуется

André	Андрей, андрея
d'André	Андрея, андреемъ
à André	Андрею
Elisabeth	Елисавета, Елисавету
d'Elisabeth	Влисаветы, Елисаветою
à Elisabeth	Елисаветѣ

Pronoms.	*Мѣстоименія*
Mon pére	Мой отецъ
ton frére	Твой братъ
son fils	Его сынъ
ma mére	Моя мать
ta foeur	Твоя сестра
sa fille	Его дочь
mes livres	Мои книги
tes plumes	Твои перья
ses papiers	Его бумага
Notre maison	Нашъ домъ
Votre jardin	Вашъ садъ
leur cour	Ихъ дворъ
Nos gens	Наши люди
Vos domestiques	Ваши служители
leurs servantes	Ихъ служанки

ce garçon	Сей дѣтина
cet enfant	Сей младенецъ
cette fille	Сїя дѣвка
ces garçons	Сїи ребята
ces enfans	Сїи младенцы
ces filles	Сїи дѣвки
Qui est là ?	Кто тамъ ?
Qui est-ce qui est-là ?	Кто тамъ ?
De qui parlez-vous ?	О комъ вы говорите ?
A qui parlez-vous ?	Кому вы говорите ?
Quoi ?	Что ?
Que dites-vous ?	Что вы говорите ?
Que voulez-vous ?	Чего изволите ?
Que souhaitez-vous ?	Чего вамъ хочется ?
Que vous plait-il ?	Что вамъ угодно ?
De quoi parlez-vous	О чемъ вы говорите ?
De quoi vous plaignez-vous?	О чемъ вы жалуетесъ ?
A quoi bon cela	Начто это ?
A quoi jouerons-nous ?	Во что мы станемъ играть ?
A ce qu'il vous plaira	Во что вамъ угодно
A ce que vous voudrez	Во что изволите

III. Leçon.

Déclinaison de l'article d'*unité* Un, Une.

Ce n'est proprement pas un article, mais un nom de nombre qui n'exprime ici qu'une unité vague & indéterminée ou indéfinie, sans article au premier cas & avec les particules *de* & *d* au second & au troisiéme :

урокъ

УРОКЪ III.

Склоненіе члена *Единственнаго* Un, Une

Сей членъ собственно не членъ, но имя числительное, которымъ изображается простое и неопредѣленное единство безъ члена въ перьвомъ падежѣ, а во второмъ и третьемъ частицами De и à

	Masculin.			*Мужескаго*
Un homme	-	-	-	Человѣкъ, человѣка
d'un homme	-	-	-	Человѣка, человѣкомъ
à un homme	-	-	-	Человѣку
	Fémin.			*Женскаго*
Une femme	-	-	-	Женщина, женщину
d'une femme	-	-	-	Женщины, женщиною
à une femme	-	-	-	Женщинѣ

On peut lui donner pour pluriel, celui de l'article partitif *des, de, d', à des,* & décliner:

Въ Множественномъ числѣ придается частный членъ

des hommes	-	-	-	Люди, людей
d'hommes	-	-	-	Людей, людьми
à des hommes	-	-	-	Людямъ
des femmes	-	-	-	Женщины, женщинъ
de femmes	-	-	-	Женщинъ, женщинами
à des femmes	-	-	-	Женщинамъ
Qui est-là?	-	-	-	Кто тамъ?
Qui est-ce qui est là?		-	-	Кто тамъ?
C'est un homme	-	-	Мужикъ
C'est une femme	-	-	Женщина, баба
C'est un cavalier	-	-	Господинъ
C'est une dame	-	-	-	Госпожа
C'est un officier	-	-	-	Офицеръ
C'est une demoiselle	-	-	-	Дѣвица

C'est

C'est un gentilhomme	-	Дворянинъ
C'est un conseiller	- -	Совѣтникъ
C'est une conseillére	- -	Совѣтница
C'est un marchand	- -	Купецъ
C'est une marchande	- -	Торговка
C'est un bourgeois	- -	Мѣщанинъ
C'est un payfan	- -	Крестьянинъ
C'est une payfanne	- -	Крестьянка
C'est un pauvre	- -	Нищей
C'est un pauvre homme	-	бѣдной человѣкъ
C'est une pauvre femme	-	бѣдная женщина
C'est un mendiant	- -	Нищей
C'est un domestique	- -	Слуга
C'est une fervante	- -	Служанка
Qui font ces gens-là?	-	Кто таковы тѣ люди?
Quel homme est-ce-là?	-	Какой тотъ человѣкъ?
Quelle femme est-ce-là?	-	Какая то женщина,
Quelle perfonne est-ce-là?		Кто то таковъ?
Quelles gens font-ce?	-	Кто сіи люди?
Quelles gens font-ce-là?	-	Кто тѣ люди?
Ce font des hommes	-	Это мущины
Ce font des femmes	- -	Это женщины
Ce font des garçons	-	Это мальчики
Ce font des filles	- -	Это дѣвки
Ce font des pauvres	- -	Это бѣдные люди
Ce font des mendians	-	Это нищіе
Ce font des bourgeois	-	Это мещанѣ
Ce font des payfans	- -	Это крестьянѣ
Ce font des payfannes	-	Это крестьянки
Ce font des cavaliers	-	Это господа
Ce font des messieurs	-	Это господа
Ce font des dames	- -	Это госпожи
Ce font des gentilshommes		Это дворяна

Ce sont des officiers	Это офицеры
Ce sont des demoiselles	Это дѣвицы
Ce sont des conseillers	Это совѣтники
Ce sont des domestiques	Это слуги
Ce sont des servantes	Это служанки
Voici un Prince	Вотъ князь
Voilà une Princesse	Вотъ княгиня
Voici un Duc, &	Вотъ дюкъ или герцогъ
Voilà une Duchesse	Вотъ герцогиня
Voilà un Comte &	Вотъ графъ
Voici une Comtesse	Вотъ графиня
Voilà une Marquise &	Вотъ маркизша
Voici un Marquis	Вотъ маркизъ
Voici un Baron &	Вотъ баронъ
Voilà une Baronne	Вотъ баронша
Voici un verre &	Вотъ рюмка
Voilà une bouteille de vin	Вотъ бутылка вина
Voilà un couteau & une four-chette	Вотъ ножъ и вилка
Voici une cuiller & une as-siette	Вотъ лошка и тарелка

IV. Leçon.

Déclinaison de l'article *partitif* ou de *quantité*.
Du, de la, de L'.

УРОКЪ IV.

Склоненіе члена *частнаго* Du, de la, de L
Devant une consonne.
Передъ согласною

Masculin.	*Мужескаго.*
Sing. du fruit	Един. плодъ

de

	de fruit	Плода, плодомъ
	à du fruit	Плоду
Plur.	des fruits	Плоды
	de fruits	Плодовъ, плодами
	à des fruits	Плодамъ

Fémin.

de la laitue	Салатъ
de laitue	Салата
à de la laitue	Салату
des laitues	Салаты
de laitues	Салатовъ
à des laitues	Салатамъ

Devant une Voyelle.
Передъ гласною

de l'eau	Вода, воду
d'eau	Воды, водою
à de l'eau	Водѣ
des eaux	Воды, водъ
d'eaux	Водѣ, водами
à des eaux	Водамъ

Devant un adjectif.
Передъ прилагателънымъ

de bon vin	Доброе вино, добраго вина
à de bon vin	Доброму вину
d'excellent vin	Изрядное вино, изряднаго вина
à d'excellent vin	Изрядному вину
de bonnes gens	Добрые люди, добрыхъ людей
à de bonnes gens	Добрымъ людямъ

d'hon

d'honnêtes gens	-	Честные люди, честныхъ людей
à d'honnêtes gens	-	Честнымъ людямъ
Que voulez-vous?	- -	Чего изволите?
Que souhaitez-vous?	- -	Чего желаете?
Que vous plait-il?	- -	Что вамъ угодно?
Qu'y a-t-il pour votre service?	- - -	Чѣмъ могу вамъ служить?
Donnez-moi du pain	-	Дай мнѣ хлѣба
Donnez-moi un morceau de pain	- - -	Дай мнѣ кусокъ хлѣба
Donnez-moi du beurre	-	Дай мнѣ масла
Donnez-moi un morceau de beurre	- - - -	Дай мнѣ кусокъ масла
De la viande	- - -	Мяса
Un peu de viande	- -	Не много мяса
Du rôti	- - - -	Жаренаго
Un morceau de rôti	-	Кусокъ жаренаго
Un peu de rôti	- -	Не много жаренаго
Voulez vous du gâteau	-	Изволишъ ли пирога
Un morceau de gâteau	-	Кусокъ пирога
Un peu de gâteau	- -	Не много пирога
Voilà de bon pain	- -	Вотъ хорошей хлѣбъ
Voilà de bonne viande	-	Вотъ хорошее мясо
Voilà de bon beurre	-	Вотъ хорошее масло
Voilà d'excellent beurre	-	Вотъ изрядное масло
Voici du fromage	- -	Вотъ сыръ
En souhaitez vous?	- -	Изволите ли его?
En voulez vous?	- -	Хотите ли его?
Vous en plait-il?	- -	Не угодно ли вамъ его?
Tenez, en voici	- -	Возмите
En voilà	- - - -	Вотъ онъ
En voilà encore un morceau	Вотъ еще кусокъ

En

En voilà encore	Вотъ еще
En voilà encore un peu	Вотъ еще не много
En voilà beaucoup !	Вотъ довольно !
Voici du sel	Вотъ соль
Et voilà du vinaigre	И вотъ уксусъ
Voici du sucre	Вотъ сахаръ
Et voilà du poivre	И вотъ перецъ
Voici de l'huile	Вотъ масло
Et du vinaigre	И уксусу
Quelle boisson est-ce-là ?	Что это за питье ?
C'est du vin	Вино
C'est de la bierre	Пиво
C'est de l'eau	Вода
C'est de la petite bierre	Полпиво
En vérité	Во истинну
C'est de bon vin	Это хорошее вино
C'est d'excellent vin	Это изрядное вино
C'est de bonne eau	Это хорошая вода
Assurément	Ей ей
C'est une bonne boisson	Это доброе питье
C'est un bon manger	Это доброе кушанье
C'est un bon mets	Это хорошее кушанье
C'est une bonne soupe	Это хорошей супъ
Voilà une bonne soupe	Вотъ хорошей супъ
Voilà un bon ragoùt	Вотъ хорошей рагу
Voilà une bonne fricassée	Вотъ хорошей фрикасе
Voilà un bon potage	Вотъ хорошая похлѣбка
Voilà une bonne sauce	Вотъ хорошей соусъ
Avez-vous de la sauce ?	Есть ли у тебя соусъ ?
Voulez-vous de la sauce ?	Изволите ли соусу ?
Voulez-vous du bouillon ?	Изволите ли бульёну ?
Voulez-vous du sel	Ненадобно ли вамъ соли?
Ayez la bonté de me donner	Пожалуйте дайте мнѣ

De

Un peu de sauce	Не много соусу
Un peu de sel	Не много соли
Vous plait-il de la salade?	Не изволите ли салату?
Voilà de la salade	Вотъ салатъ
Vous en plait-il?	Не изволите ли его?
Tenez, en voilà	Вотъ онъ, возмите
En voici	Вотъ здѣсь
Prenez-en	берите
Buvez un verre de vin	Выпейте рюмку вина
Un verre d'eau	Стаканъ воды
Un verre de bierre	Стаканъ пива
Pourquoi	Для чего
Ne mangez-vous pas?	Не кушаете?
Mangez, je vous prie	Пожалуйте, покушайте
Mangez, s'il vous plait	Кушайте, естьли угодно
Mangez sans façon	Кушайте безъ церемоніи
Vous ne mangez-pas	Вы не кушаете
Mangez donc	Пожалуйте кушайте
Buvez donc	Пѣйте пожалуйте.
Vous ne buvez point	Вы ни чего не пьете
Pourquoi ne buvez-vous pas?	Для чего не пьете?
Que mangez-vous?	Что вы кушаете?
Que buvez-vous?	Что вы пьете?
Qu'aimez-vous le mieux	Что вы любите лутче
Le vin rouge, ou	Красное ли вино
Le vin blanc?	Или бѣлое?
Ce qu'il vous plaira	Что вамъ угодно
Ce que vous voudrez	Что вы захотите.
Je mange	Я ѣмъ
Ce qu'on me donne	Что мнѣ даютъ
Ce qu'on me présente	Что мнѣ подаютъ
Je bois ce qu'on veut	Я все пью
Du vin rouge	Вино красное

D   Du

Du vin blanc	Вино бѣлое
- - d'Hongrie	- - Венгерское
- - d'Italie	- - Италіанское
- - d'Espagne	- - Гишпанское
- - de France	- - Францусское
- - de Bourgogne	- - Бургонское
- - de Champagne	- - Шампанское
- - de Cahors	- - Кагорское
- - de Médoc	- - Медокское
- - de Pontac	- - ПонтакЪ
Que buvez-vous?	Что вы пьете?
Je bois de l'eau	Я пью воду
- - de la bierre	- - Пиво
- - de la petite bierre -	- - Полпиво
- - du vin	- - Вино
- - tout ce qu'on veut -	- - Все что мнѣ даютЪ
Voilà le dessert	ВотЪ закуски, заѣдки
Qu'est-ce que cela?	Что это такое?
Qu'est-ce que c'est que cela?	Что это такое?
C'est du gâteau	Это пирогЪ
- - du biscuit	- - Сухари
Ce sont des confitures	- - Конфекты
- - - - fruits	- - - Плоды
- - - - pommes	- - - Яблоки
- - - - poires	- - - Груши
- - - - cerises	- - - Вишни
- - - - prunes	- - - Сливы
- - - - fraises	- - - Земляница
- - - - groseilles	- - - Смородина
- - - - framboises	- - - Малина
- - - - noix	- - - Орѣхи
- - - - cerneaux	- - - Орѣховыя ядра

Ce font des noifettes - -	Это Орѣшки
Quel homme eſt-ce-là? -	Что это за человѣкъ?
C'eſt un Prince - - - -	Князь
- - Sénateur - - -	Сенаторъ.
- - Conſeiller d'état -	Статской совѣтиикъ.
- - Conſeiller de cour	Надворной совѣтникъ
- - Gentilhomme - -	- - - Дворянинъ
- - Bourgeois - - -	- - - Мѣщанинъ,
- - Payſan - - - -	- - - Крестьянинъ
Qu'elle femme eſt-ce-là? -	Что это за женщина?
C'eſt une Dame - - -	Госпожа,
- - - de qualité -	Знатная госпожа,
- - Princeſſe - - -	- - Княгиня
- - Conſeillére - -	- - Совѣтница
- - Bourgeoiſe - -	- - Мѣщанка
- - Payſanne - - -	- - Крестьянка
Quelles gens font-ce-là? -	Что это за люди?
Ce font des gens de diſtinction - - - -	Это знатные люди.
- - Gentils-hommes	- - Дворяне,
- - Bourgeois - - -	- - Мѣщане
- - Payſans - - -	- - Крестьяне
Quel arbre eſt-ce-là? - -	Какое это дерево?
Quels arbres font-ce-là? -	Какія это деревья?
C'eſt un pommier - - -	Это яблоня
Ce font des pommiers -	- - Яблони
C'eſt un poirier - -	- - Груша,
Ce font des poiriers - -	- - Груши,
C'eſt un cerifier - - -	- - Вишня
Ce font des cerifiers - -	- - Вишни
C'eſt de la vigne - - -	- - Виноградъ
Ce font des vignes - -	- - Виноградныя деревья,

Quel

Quel fruit eſt-ce-là?	Что это за плодъ?
C'eſt du raiſin	Изюмъ
Ce ſont des figues	Фиги, винныя ягоды
— — — fraiſes	Земляница
— — — groſeilles	Смородина
— — — framboiſes	Малина
Voilà de belles pommes	Вотъ изрядныя яблоки
— — — poires	Вотъ изрядныя груши
— — — ceriſes	Вотъ изрядныя вишни
Achetez-en	Купите ихъ
Je le voudrois bien	Я бы хотѣлъ
Mais je ne ſaurois	Да не могу
Pourquoi non?	Для чего?
Je n'ai point d'argent	Для того что нѣтъ денегъ
N'avez-vous pas quelques copics ſur vous?	Нѣтъ ли у васъ хоть нѣсколько копѣекъ
Non je n'ai rien ſur moi	Ничево со мною нѣтъ.

V. Leçon.
Les Verbes auxiliares.

У Р О К Ъ V.
Глаголы помогающіе.

Avoir	Имѣть
J'ai, tu as, il a	Я имѣю, ты имѣешь, онъ имѣетъ
Nous avons	Мы имѣемъ
Vous avez	Вы имѣете
Ils ont	Они имѣютъ
Elles ont	Онѣ имѣютъ
Qu'avez-vous?	Что вы имѣете?
Je n'ai rien	Я ничего не имѣю,

Avez-

Avez-vous le tems ?	Есть ли вамъ время ?
Oui, je l'ai	Есть
Non je ne l'ai pas	Нѣтъ
Avez-vous une montre ?	Есть ли у васъ часы ?
Oui, j'en ai une	Есть
Non, je n'en ai pas	Нѣтъ
Qu'avez-vous-là	Что у васъ тамъ ?
Ce n'est rien	Ничего
C'est une bagatelle	Это безъдѣлица
— une tabatiére	— — Табакерка
— un livre François	— — Французская книга
— un livre Allemand	— — Нѣмѣцкая книга
— un livre Russe	— — Россїйская книга
— une épingle	— — Булавка
Ce sont des épingles	— — Буѧавки
C'est une aiguille	— — Игла
Ce sont des aiguilles	— — Иглы
C'est de la soie	— — Шолкъ
— du fil	— — Нитка
— de la laine	— — Шерсть
— un dé	— — Наперстокъ
Ce sont des ciseaux	— — Ножницы,
Qu'avez-vous ?	Что у васъ ?
Que vous manque-t-il ?	Чево у васъ нѣтъ ?
Je n'ai rien	У меня ничего нѣтъ
Ce n'est pas grand' chose	Это невеликое дѣло, безъдѣлица.
Je ne sais ce que j'ai	Я не знаю, что у меня есть
Je ne sais ce qui me manque	Я не знаю, что мнѣ здѣлалось
Je crois que j'ai la fiévre	Я думаю, что у меня лихорадка

Je

Je m'imagine	Я думаю
Que j'ai la fiévre	Что у меня лихорадка
J'ai le rhume	— — Насморкъ
— la toux	— — Кашель
— la migraine	Голова у меня болитъ
Il a la fiévre chaude	Онъ боленъ горячкою
Il a la petite vérole	На немъ оспа
Elle a la rougeole	— — Корь
Elle a mal aux yeux	У нее болятъ глаза
J'ai mal à la tête	У меня болитъ голова,
— — aux dents	— — болятъ зубы,
— — au pied	— — Нога
— — au doigt	— — Перстъ
— — à la jambe	— — Голень, берцо,
— — au cou	— — Шея
Qu'a-t il ?	Что у него ?
Qu'a-t-elle ?	— — Что у нее ?
Qu'a-t-on dit ?	— — Что сказано ?
Qu'a-t-on fait ?	— — Что здѣлано ?
Si j'avois le tems	Есть либъ мнѣ былъ досугъ,
J'irois promener — faire un tour de promenade	Тобъ я пошолъ прогуляться, проходиться.
J'eus hier du monde	Вчера были у меня гости
— compagnie	— — Компанія,
— des amis	— — Пріятели
— quelques amis chez moi	Нѣкоторые пріятели
Qu'avez-vous fait ?	Что вы здѣлали ?
A quoi avez-vous passé le tems ?	Чемъ вы препроводили время ?
Nous avons pris le café	Мы пили кофей
— — pris du thé	— — Чай

Nous

Nous avons bu du vin	Мы пили вино
- - joué	Мы играли
A quoi avez-vous joué?	Во что вы играли?
A quel jeu avez-vous joué?	Въ какую вы игру играли?
Nous n'avons joué à rien	Мы ни во что не играли
Nous avons joué aux cartes	Мы играли въ карты
Avez-vous joué à l'hom-bre	Играли ли вы въ лом-беръ
Ou aux échécs?	Или въ шахматы?
Oui, & après cela	Да, а послѣ того
Nous avons joué	
- - du violon	На скрыпкѣ
- - du clavecin	На клавикордахъ
- - de la flute tra-versiére	На флейтраверсѣ
Touchez-vous le clave-cin?	Играете ли на клавикор-дахъ?
Je ne fais que commencer	Я только зачалъ учиться
J'apprens les notes	Я учу ноты
Quel maître avez-vous?	Кто васъ учитъ?
C'est un Ruſſe	Россіянинъ
- un François	Французъ
- un Allemand	Нѣмецъ
- un Italien	Италіянецъ
Quelle Gouvernante avez-vous?	Какая у васъ учитель-ница?
C'est une Françoiſe	Француженка
- - Allemande	Нѣмка,
- - Suédoiſe	Шведка
Parle-t-elle bien françois?	Хорошо ли она говоритъ по францу ски!
Oh oui, elle parle très-bien	Чрезвычайно хорошо

Elle

Elle s'exprime très-bien ?	Она весьма хорошо говоритъ
Ecrit-elle bien ?	Хорошо ли она пишетъ?
Oui, elle écrit fort bien -	Очень хорошо.
Elie couche bien une lettre	Она сочиняетъ изрядныя письма
Sait-elle l'orthographe ?	Знаетъ ли она правописанïе ?
Je le crois	Я думаю, что знаетъ
- me l'imagine -	Я думаю что такъ
- n'en fais rien -	Не знаю
- ne puis en juger -	Не могу о томъ разсуждать
- ne saurois en juger -	Я не могу о томъ разсуждать
Car je ne la fais pas bien	По тому что я самъ мало ево знаю
Etre	быть
Je fuis, tu es, il est	Я есмь, ты еси, онъ есть
Nous sommes	Мы есмы,
Vous êtes	Вы есте
Ils font	Они суть
Elles font	Онѣ суть
Qui font ces gens-là ?	Что это за люди?
Je crois que ce font -	Я думаю, что они
- - des Anglois -	- - Агличане
- - - Ruffes -	- - россïяне
- - - Allemands -	- - Нѣмцы
- - - François -	- - Французы
- - - Etrangers	- - Чужестранцы
Ce font des Meffieurs	Это господа
Ce font des Dames -	- - Госпожи

Quel est ce Cavalier	Что это за господинъ?
C'est un étranger	Иностранной
De quel pays est-il?	Откуда онъ, изъ которой земли?
De quelle nation est-il?	Изъ какого народа?
Il est Russe	россіянинъ
— Allemand	— Нѣмецъ
— Italien	— Италіанецъ
— Anglois	— Агличанинъ
— Espagnol	— Гишпанецъ
— Portugais	— Португалецъ
— Ecossois	— Шотландецъ
— Saxon	— Саксонецъ
— Autrichien	— Австріецъ
— Danois	— Датчанинъ
— Suédois	— Шведъ
— Turc	— Турка
— Persan	— Персіянинъ,
— Chinois	— Китаецъ
— Sibérien	— Сибирякъ
— Tartare	— Татаринъ
— Calmuque	— Калмыкъ
— Cosaque	— Казакъ
Et cette personne	Это женщина
Qui est-elle?	Кто такова?
De quel pays est-elle?	Изъ какой она земли?
Elle est Russe	— россіянка
— Allemande	— Нѣмка
— Françoise	— Француженка
— Espagnole	— Гишпанка
— Italienne	— Италіанка
— Polonoise	— Полька
— Saxonne	— Саксонка

Elle

Elle est Danoise - - - - - Датчанка
- - Suédoise - - - - Шведка
- - Livonienne - - - - Лифляндка
- - Finoise - - - - - Финляндка
- - Laponoise - - - - Лопарка
Oui dà ! - - - - Да такъ !
Est-il vrai ? - - - Правда ли это ?
- - bien vrai ? - - Полно это правда ли ?
Можетъ ли это статься ?
- - possible ? - - - Статочное ли это дѣло ?

VI. Leçon.
УРОКЪ VI.

Je suis content - - - Я доволенъ
- - bien-aise - - - Я радуюсь,
- - charmé - - - Мнѣ весьма прїятно,
- - ravi - - - - Я радъ
Je me réjouis - - } Я радуюсь
Sincérement - - - } Всѣмъ сердцемъ, что
De vous voir - - - вижу васъ
En bonne santé - - - Въ добромъ здоровьѣ.
Pourquoi ne me venez-vous Для чего вы ко мнѣ не-
pas voir ? - - - ходите въ гости ?
Pourquoi ne m'êtes-vous Для чего вы ко мнѣ не-
pas venu voir ? - - ходили ?
J'étois malade - - - Я былъ боленъ,
J'ai été indisposé - - Я недомогалъ
J'étois incommodé - - Я былъ не очень здоровъ
J'ai été enrhumé - - У меня былъ насморкъ
Et je le suis encore - - И теперь еще есть
En vérité - - - - Ей ей,
Je vous plains - - - Я сердечно объ васъ
De tout mon coeur - - Сожалѣю.

Mais

Mais graces à Dieu - -	Но слава богу
Graces au ciel - -	Слава всевышнему
Je me porte mieux - -	Мнѣ стало полегче
Je me trouve mieux -	Я чувствую облегченїе
Je suis beaucoup mieux -	Мнѣ г раздо стало лутче
Je me porte à présent très-bien - - -	Теперь я совсѣмъ здоровъ
Je vous en félicite - -	Я васъ тѣмъ поздравляю
De tout mon coeur - -	Отъ всего моего сердца
De toute mon ame - -	Всею моею душею
Du meilleur de mon coeur	Отъ всего моего сердца
Du meilleur de mon ame	Всею моею душею
Qui est-là ? - - -	Кто тамъ ?
Qui est-ce qui est-là -	Кто тутъ
Voyez qui est-là - -	Посмотри, кто тамъ
Qui est-ce qui a frappé ? -	Кто стучалъ ?
Qui est-ce qui a sonné ? -	- - звенѣлъ ?
Qui étoit-ce ? - - -	- - былъ ?
C'étoit un pauvre - -	- - Нищей
- un mendiant - -	- - Нищей,
- un pauvre homme	бѣдной человѣкъ
- une pauvre femme	бѣдная женщина
Il falloit - - -	Надлежало
Lui donner l'aumône -	{ Ему } подать мило-
- - la charité -	{ ей } стину
- - quelque chose -	Что ни будь
C'est ce que j'ai fait -	Я то здѣлалъ
Vous avez bien fait -	Вы хорошо здѣлали
Quand ce sont - -	Престарѣлыхъ людей
- de vieilles gens	Не надобно оставлять безъ помощи
Il faut les assister -	
Il faut en avoir pitié -	Надобно объ немъ сожа-лѣть

Comme

Comme nous voudrions -	Равно какъ мы хотимъ
Que l'on eut pitié de nous	Чтобъ и надъ нами показывали милосердїе
Si nous étions - -	Ежели бы мы были
- - à leur place -	на ихъ мѣстѣ
Vous avez raison - -	Ваша правда
Cela est juste - -	Это справедливо,
- - vrai - - -	- - Праведно,
- - bon - - -	- - Хорошо,
- - louable - -	- - Похвально
- - honnête - -	- - Честное дѣло
Vous parlez fort bien -	Вы весьма хорошо говорите
Vous dites fort bien -	
Vous pensez fort bien -	Вы весьма хорошо разсуждаете
Ce que je dis est vrai -	Я говорю правду
Ce que vous dites est vrai	Вы говорите правду
Cela est faux - - -	Это ложь
Cela n'est pas vrai - -	Это неправда
Cela se peut - - -	Можетъ статься
Vous avez tort - - -	Вы виноваты
J'ai tort - - - -	Я виноватъ
Je suis dans mon tort -	- Виноватъ
J'en conviens - - -	- Въ томъ согласенъ
Je le vois - - - -	- То вижу
- - sens - - -	- То чувствую
- - sens bien - - -	- То очень чувствую
- - vois bien - - -	- То довольно вижу
- - sens fort bien - -	- То очень чувствую
Je n'en disconviens pas -	- Въ томъ не спорю
Je l'avoue - - - -	- Въ томъ признаюсь
Comment dites-vous ? -	Какъ вы говорите ?
- - avez-vous dit ?	- - Вы сказали ?

Comment

Comment l'entendez-vous?	Какъ Вы то разумѣете?
- - faites-vous?	- - Вы дѣ аете?
- - faites-vous cela?	- - Вы это дѣлаете?
- - faire?	Что дѣлать?
- - ferai-je?	Какъ я здѣлаю, что мнѣ дѣлать
Je ne sais pas	Я не знаю,
Je ne saurois vous le dire	Я не могу вамъ того сказать
Faites comme cela	Здѣлайте такъ.
Faites ce que vous voudrez	Здѣлайте какъ хотите
Faites comme vous voudrez	Здѣлайте какъ вамъ захочется
Cela est aisé à dire	Это легко сказать
Cela est bel & bon	Это изрядно
Cela va fort bien	Это весьма хорошо
Mais, avec votre permission	Но съ вашего позволенія
Je pense, autrement	Я инако думаю,
Cela ne va pas comme vous le croyez	Это дѣло не такъ идетъ, какъ вы думаете.
Cela ne va pas comme cela	Это нетакъ
- ne se peut pas	Этому статься не льзя
- se peut	- - Можетъ статься
- se pourroit	- - Моглобы статься
- pourroit être	- - Могло бы быть
- peut aller comme ça	- - Можетъ такъ быть
- pourroit fort bien aller comme ça	- - Такимъ образомъ

VII. Leçon.
УРОКЪ VII.

Bon jour, Monsieur	Здравствуйте государь мой
- - -, Madame	Здравствуйте государыня моя

Воп

Bon foir, Meffieurs	Доброй вечерЪ, господа мой
- - -, Mesdames	- - Государыни мои
Bonne nuit, Mademoifelle	Добрая ночь сударыня
- - - Mesdemoifelles	- - Сударыни мои
Je vous fouhaite le bon jour	Желаю вамЪ здравстовать
- - - - le bon foir	- - - Здравствовать
- - - - la bonne nuit	- - - Покойной ночи
- - - - une bonne nuit	- - - доброй ночи
- - - - un bon repos	- - - спокойной ночи
Je vous le fouhaite pareillement	И я вамЪ равномѣрно желаю
Je vous la fouhaite pareillement	И я вамЪ также
Adieu, bon foir	Прощайте, жалаю вамЪ добраго вечера, доброй ночи
Adieu, bonne nuit	
Repofez bien	Опочивайте спокойно
Adieu, portez-vous bien	Прощайте, живите здорово
Et vous pareillement	И вы равномѣрно
Faites-en de même	Также
C'eft ce que j'ai bien envie de faire	Сего я самЪ желаю
Je fouhaite	Я желаю
Que vous paffiez bien la nuit	ЧтобЪ вы препроводили ночь спокойно
J'en fais de même	И я тогожЪ желаю вамЪ
Et vous auffi	

Еѣ

Eh bon jour, cher ami, -	Здравствуйте любезный другъ
Comment vous portez-vous?	Все ли здорово?
Comme vous voyez - -	Какъ сами видите
A votre ſervice - - - -	Къ вашимъ услугамъ
Pour vous ſervir - - -	Къ вашимъ услугамъ
A vous ſervir - - - -	Къ вашимъ услугамъ
Bon jour Monſieur - -	Здравствуйте государь мой
- - Madame - - - -	- - государыня моя
- - Mademoiſelle - - -	- - дѣвица
- - Meſſieurs - - - -	- - Господа
- - Mesdames - - - -	- - Госпожи
- - Mesdemoiſelles - - -	- - Дѣвицы
Comment va l'état - - -	Все ли вы
De votre ſanté? - - -	Здоровы?
Fort bien - - - - -	Слава богу
Graces à Dieu - - - -	благодарю бога
Graces au ciel - - - -	Слава богу
Je me porte fort bien -	Я очень здоровъ
Encore fort bien - - -	По нынѣ здоровъ
A l'ordinaire - - - -	Какъ обыкновенно
Prêt à vous obéir - - -	Готовъ къ вашимъ услугамъ
Prêt à vous rendre ſervice -	Готовый къ вашимъ услугамъ
A vous faire plaiſir - -	Готовъ вамъ служить
Je vous ſuis bien obligé -	Много благодарствую
De votre bonté - - - -	За вашу милость
De votre attention - - -	Что не изволите меня забывать
De votre complaiſance -	За вашу учтивость
Vous avez bien de la bonté -	Вы весьма милостивы

Vous

Vous avez trop de bonté	Вы чрезъ мѣру милостивы
Comment va la santé?	Здоровы ли вы?
A vous rendre mes devoirs	Къ вашимъ услугамъ
Toujours prêt à vous obéir	Я всегда готовъ вами служить
Cla me fait plaisir	Я тому очень радъ
J'en suis charmé	Я тому весьма радъ.
Monsr. j'ai l'honneur	Государь мой желаю вамъ здравствовать
De vous souhaiter le bon jour	
De vous rendre mes devoirs	Засвидѣтельствовать вамъ мое почтенїе
J'ai l'honneur de vous saluer	Здравствуйте государь мой
Je vous remercie	благодарствую
Je vous rends graces	благодарствую
Je vous suis très obligé	Я весьма вами обязанъ
Asséyez - vous, s'il vous plait	Прошу садиться; не извволители сесть
Je vous prie	Прошу сесть
Je vous en prie	Прошу, садитесь
Je vous en supplie	Покорно прошу
Je vous le permets	Я вамъ позволяю
Je vous l'ordonne	Я вамъ приказываю
Ce fera pour vous obéir	Я вамъ послушенъ буду
Puisque vous le permettez	Понеже вы сами дозволяете
Si j'ose prendre cette liberté	Ежели смѣю
Puisque vous voulez bien me le permettre	Потому что вы изволили Мнѣ на то дать дозволенїе
Asséyez-vous sans façon	Садитесь безъ церемонїи

Sans

Sans complimens	безъ комплиментовъ
En vérité vous êtes bien complimenteur	Въ истинну вы много строите церемонїй
Vous faites bien des complimens	Вы много дѣлаете церемонїй
Pardonnez-moi	Никакъ
Je n'en fais pas	Я комплиментовъ не дѣлаю
C'est vous Monsr.	Но вы, государь мой
Qui en faites	Ихъ дѣлаете
Entre amis	Межъ прїятелей
Il ne faut pas tant de façons	Надлежитъ поступать
Les complimens sont hors de saison	Просто, комплименты не къ статѣ
Il faut mettre tous les complimens de côté	Надобно всѣ комплименты оставить
Que puis-je avoir l'honneur de vous offrir	Чѣмъ могу я вамъ служить?
Rien, s'il vous plait	Ничѣмъ
Je vous suis obligé	благодарствую
Il ne me faut rien	Мнѣ ничего не надобно.
Je n'ai besoin de rien	Я ничего не желаю
Avez-vous déjeuné?	Завтракали ли вы?
Oui, Monsr. c'en est fait	Конечно
Non, Monsr. pas encore	Нѣтъ еще,
Oh oui, il y a déjà long-tems	Давно ужё
Souhaitez-vous prendre le thé avec moi?	Не изволите ли выпить сомною чашку чаю,
- - une tasse de café	- - Кофею?
- - une tasse de chocolat	- - Шоколаду
- - un verre de liqueur	- - Водочки
Comme il vous plaira	Въ волѣ вашей
Tout ce que vous voudrez	Какъ вы изволите

Ah

Ah çà, il est tems de déjeuner	Ужé время завтракать
De diner - - - -	Обѣдать
De gouter - - - -	
De collationner - -	Полдничать
De souper - - -	Ужинать
Venez, allons à table -	Пойдемъ за столъ
Mettons-nous à table -	Сядемъ за столъ
Placez-vous là - - -	Сядьте тамъ
Fort bien - - - -	Очень хорошо
Je suis bien ici - - -	Мнѣ и здѣсь хорошо
Aimez-vous le potage? -	Не изволите ли мяса изъ подъ соуса
Aimez-vous la soupe - -	- - Супу
Le bouillon - - -	- - булïону
La sauce - - - -	- - Соусу
Oui, je l'aime - - -	Да
Non je ne l'aime pas -	Нѣтъ (подадутъ
J'aime tout ce qui se sert -	Я все ѣмъ что мнѣ ни
Tout ce qui vous plaira -	Что вамъ угодно
Mangez à votre goût -	Кушайте, что вы хотите,
J'aime le boeuf - - -	Я охотникъ до говядины
J'aime le veau - - -	Я люблю тѣлятину
J'aime le jambon - - -	- Окорокъ
Le mouton - - - -	- - баранину
Le porc, le cochon - -	- - Свинину, поросятину
Le salé - - - - -	- - Солонину
Le petit salé - - -	Мясо свѣжепросольное
Les saucisses - - -	Сосиски
Aimez-vous les herbes? -	Охотники ли вы до зелени
Oh oui, je les aime fort -	Да, я великой до ей охотникъ

Sur

Sur tout l'oseille	Особливо люблю щавель
Les épinards	Шпинатъ
Les oignons	Лукъ
Les poireaux	Пурро, францусскій лукъ
Le persil	Петрушку
Le cerfeuil	Кервель
La salade	Салатъ
Les laitues	Латукъ
Les laitues pommées	Кочанной салатъ
La chicorée	Цикоре
Les endives	Андивы
Le cresson	Кресъ-салатъ
L'appetit	Рѣпки, полевой лукъ
L'ail	Чеснокъ
Les rocambolles	Рокамболь
Chacun a son goût	Всякъ по своему вкусу
Pour moi il y a bien des choses que se n'aime pas	Что касается до меня, то много такихъ вещей, коихъ я не люблю
Vous aimez fans-doute la pâtisserie	Конечно вы любите пирожное
Un pâté	Паштеты
Une tourte	Тортъ
Une tarte à la crême	Тортъ съ сливками здѣланный
Le gâteau	Пряженецъ
Un échaudé	Здобный крендель
Des bignets	Аладьи
Une Omelette	Яишница
Des oeufs durs	Густыя яицы
Des oeufs mollets	Въ смятку
Des oeufs à la coque	Яица въ мѣшечкѣ
Des oeufs au miroir	Выпускную яишницу

Des oeufs brouillés - -	Яишница
- - frits - -	Печеныя яица
- - au beurre noir -	Съ поджареным маслом

VIII. Leçon.

У Р О К Ъ VIII.

Que fait Monſr. votre pére? - - -	Что дѣлаетъ вашъ батюшка?
Eſt-il au logis? - -	Дома ли онъ
Oui il y eſt - - -	Дома
Non il n'y eſt pas - -	Нѣтъ,
Où eſt-il? - - -	Гдѣ онъ?
Que fait-il? - - -	Что онъ дѣлаетъ,
Il n'eſt pas à la maiſon -	Его нѣтъ дома,
Où eſt-il allé? - -	Куда онъ пошолъ?
Il eſt ſorti - - -	Онъ вышелъ
Il eſt en ville - - -	Онъ въ городѣ
Il eſt à la campagne -	Онъ въ деревнѣ
Il eſt allé à la campagne -	Онъ поѣхалъ въ деревню
Quand eſt-il parti? -	Когда поѣхалъ?
La ſemaine paſſée - -	На прошедшей недѣлѣ
Ces jours-ci - - -	На сихъ дняхъ
Dimanche paſſé - -	Въ прошедшее воскресенїе
Jeudi dernier - -	Въ минувшей четвертокъ
Avant-hier - - -	Третьяго дня
Hier - - - -	Вчера
Aujourd'hui - - -	Сего дни
Ce matin - - -	Сего утра
Avant midi - - -	Передъ полуднемъ
Après midi - - -	Послѣ полудни
A midi - - - -	Въ полдень
Au ſoir - - - -	Въ вечеру
Vers midi - - -	Около полудни

Ver

Vers le soir	Около вечера
La semaine derniere	На прошлой недѣлѣ
L'année derniere	Въ прошедшемъ годѣ
L'année paſſée	Въ прошломъ годѣ
Le mois paſſé	Въ прошедшемъ мѣсяцѣ
L'année	Годѣ
Le mois	Мѣсяцъ
La ſemaine	Недѣлѣ
Les jours de la ſemaine	Дни седмицы
Dimanche	Воскресенїе
Lundi	Понедѣльникъ
Mardi	Вторникъ
Mécredi	Середа
Jeudi	Четвертокъ
Vendredi	Пятница
Samedi	Суббота
Un jour ouvrier	Буднишной день
Un jour de fête	Праздничной день
Noël	Рождество Христово
Pâques	Пасха, свѣтлое Христово воскресенїе
La Pentecôte	Пятидесятница
La St. Jean	Ивановъ день
La St. Michel	Михайла Архангела
La Touſſaints	Всѣхъ святыхъ
La Fête-Dieu	Праздникъ Христовъ
Le Carnaval	Карнавалъ
Le Mardi-gras	Заговѣнье
Le Mécredi des cendres	Середа на первой недѣлѣ великаго поста
Le Carême	Постъ
La ſemaine ſainte	Страстная недѣля

Le

Le Jeudi faint - - -	Великой четвертокъ
Le Vendredi faint - -	Великая пятница.
Le Samedi faint - - -	Великая суббота
Le jour des rameaux, pâ-ques-fleuries - - -	Вербное воскресенїе
La faifon - - - -	Година, годовое время
Les quatre faifons - -	Четыре годины
Le printems - - -	Вѣсна
L'Eté - - - - -	Лѣто
L'Automne - - - -	Осень
L'Hyver - - - -	Зима
Le nouvel an - - -	Новой годъ
La nouvelle année - - -	Новой годъ
La belle faifon - - -	Лучшее время года, изрядная погода
L'arriére-faifon - - -	Осеннее время
La moiffon, la récolte -	Жатва, собиранїе хлѣба
Les vendanges - - -	Собиранїе винограда
Les douze mois de l'année	Двенатцать мѣсяцовъ года
Janvier - - - - -	Генварь
Fevrier - - - - -	Февраль
Mars - - - - -	Мартъ
Avril - - - - -	Апрѣль
Mai - - - - -	Май
Juin - - - - -	Іюнь
Juillet - - - - -	Іюль
Août - - - - -	Августъ
Septembre - - - -	Сентябрь
Octobre - - - -	Октябрь
Novembre - - - -	Ноябрь
Décembre - - - -	Декабрь
Le premier de Janvier -	1. Число Генваря

Le premier de Mai - -	1. Число Маїя
Le deux Avril - -	Второе Апрѣля
Le trois Mars - - -	Третье Марта
La mi-Mai - - -	Половина Маїя
La mi Septembre - -	Половина Сентября
Le quantiéme du mois avons-nous? - - - -	Которое нынѣ число?
C'eſt aujourd'hui le dix -	Десятое
Le onze - - - -	Перьвое надѣсять
Le quinze - - - -	Пятоенадесять
Le vingt - - -	Дватцатое
Le vingt & un - - -	Дватцать перьвое
Le trente - - -	Тритцатое
Demain - - -	Завтра
Après-demain - -	Послѣ завтра
La veille - - -	На канунѣ
Le lendemain - -	Слѣдующаго дня
Le ſur-lendemain - -	Послѣ завтра
Dans deux jours - -	Въ два дни
Dans huit jours - -	Въ недѣлю
Dans quinze jours - -	Въ двѣ недѣли
Dans trois ſemaines - -	Въ три недѣли
Dans un mois - -	Въ мѣсяцъ
Dans trois mois - -	Въ три мѣсяца
Dans ſix mois - -	Въ шесть мѣсяцовъ
Dans neuf mois - -	Въ девять мѣсяцовъ
Dans un an - -	Въ одинъ годъ
Dans quinze mois - -	Въ 15 мѣсяцовъ
Dans dix-huit mois - -	Въ 18 мѣсяцовъ
Dans un an - -	Въ 1 годъ
Dans deux ans - -	Въ 2 года
Dans cent ans - -	Во 100 лѣтъ

E 4

Dans deux cents ans	Въ 200 лѣтъ
Un siécle	Вѣкъ, столѣтїе
Un demi-siécle	Полвѣка
Un tems infini	бесконечное время
Quand Monsr. votre frére reviendra-t-il?	Когда возвратится твой братецъ?
Quand partira-t-il?	Когда онъ поѣдетъ?
Quand arrivera-t-il?	Когда прибудетъ?
On l'attend bientôt	Его ожидаютъ въ скоромъ времяни
Incessamment	Ежечасно
Dans deux jours	Черезъ два дни
Aujourd'hui	Сего дни
Ce matin	Сего утра
Ce midi	Въ полдни
Ce soir	Сего вечера
Cette nuit	Сей ночи
Dans l'instant	Сея минуты
D'abord	Тотчасъ
Tout-à-l'heure	Сей часъ
Dans la minute	Сїю минуту
Dans un clin d'oeil	Во мгновенїе ока
Est-il allé à cheval?	Верьхомъ ли онъ поѣхалъ?
Non il est allé	Нѣтъ, онъ поѣхалъ
En carosse	Въ каретѣ
En chaise	Въ колляскѣ
En chaise de poste	Въ почтовой коляскѣ
En cariole	Въ одноколкѣ
Par le coche	Въ коляскѣ
En traineau	Въ саняхъ
En bâteau, par eau	Водою
Par terre	Сухимъ путемъ
Par mer	Моремъ

Com.

Comment reviendra-t-il? -	Какъ онъ возвратится?
A cheval - - - -	На лошади
A pied - - - -	пѣшъ
En bâteau - - -	Водою, на суднѣ
En chaloupe - - -	На шлюпкѣ
Par un vaiſſeau - - -	На кораблѣ

IX. L e ç o n.
У Р О К ъ IX.

Comment ſe porte-t-on chez vous? - - -	Всѣ ли у васъ здоровы?
Graces à Dieu - - -	Слава богу
On ſe porte encore bien -	Всѣ здоровы
Que fait-on? - - -	Что дѣлаютъ?
Dort-on? - - - -	Еще почиваютъ,
Se léve-t-on? - - -	Или встаютъ,
Déjeune-t-on? - - -	Не завтракаютъ ли?
Dîne-t-on? - - -	Не обѣдаютъ ли?
Mange-t-on? - - -	Не кушаютъ ли?
On ſoupe - - - -	Ужинаютъ
On joue - - - -	Играютъ
On danſe - - - -	Танцуютъ
On travaille - - - -	Работаютъ
On s'amuſe - - - -	Веселятся
A quoi s'amuſe-t-on? -	Чѣмъ забавляются
On ſe promene - - -	Прогуливаются,
Mlle. votre ſoeur que fait-elle? - - - - -	Что дѣлаетъ ваша сестрица?
Elle eſt au logis - -	Она дома
Qu'y fait-elle? - - -	Что она дѣлаетъ?
Elle coud - - - -	Шьетъ
Elle file - - - -	Прядетъ
Elle travaille - - -	Работаетъ

Elle

Elle joue	Играетъ
Elle s'amufe	Забавляется
A quoi s'amufe-t-elle?	Чемъ она забавляется?
A rien	Ни чѣмъ
A pas grand' chofe	
A des riens	бездѣлицею
A des bagatelles	Мѣлочью
A des babioles	Игрушками
Elle étudie fa leçon	Она учитъ урокъ
Elle apprend à broder	Она учится шить
A lire	Читать
A écrire	Писать
A danfer	Танцовать
A jouer du clavecin	Играть на клавикордахъ
A toucher le clavecin	
A jouer de la guitarre	На цитрѣ
A jouer de la harpe	На арфѣ, на гусляхъ
C'eft bien fait	} Очень хорошо.
C'eft fort bien fait	
Elle fait fort bien	} Она разумно дѣлаетъ
Elle fait fagement	
Quel âge avez-vous?	Сколько вамъ лѣтъ отъ роду
J'ai dix ans	10. лѣтъ
J'ai vingt ans	20. лѣтъ
Je fuis dans ma quinziéme année	Мнѣ пятнатцатой годъ
Je fuis dans ma trentiéme année	Мнѣ уже тритцатой годъ
J'ai bientôt onze ans	Мнѣ скоро будетъ 11. лѣтъ
J'ai bientôt quinze ans	15 лѣтъ
J'aurai bientôt dix-huit ans	18 лѣтъ

J'aurai

J'aurai huit ans le douze du mois prochain	Мнѣ исполнится 12 числа будущаго мѣсяца 8. лѣтъ
J'aurai seize ans le dix-neuf Septembre	Мнѣ исполнится 16 лѣтъ 19 Сентября
Vous êtes encore jeune	Вы еще молоды
Vous n'êtes pas âgé	Вы еще не стары
Vous êtes dans votre bel age	Вы въ самой порѣ
Je suis dans mon printems	Я въ цвѣтущихъ лѣтахъ
Quel âge a-t-il?	Сколь онъ старъ,
Il a quarante ans	Ему отъ роду сорокъ лѣтъ
Il a près de cinquante ans	Около 50. лѣтъ
Il n'est pas encore fort âgé	Онъ не очень еще старъ
Il est déjà fort âgé	Онъ очень уже старъ
Il est avancé en âge	Онъ уже въ лѣтахъ
Il est fort avancé en âge	Онъ очень уже старъ
Il est encore vigoureux	Онъ еще бодръ, здоровъ
Il mange bien	Онъ ѣстъ довольно
Il boit bien	Онъ пьетъ довольно
Il dort bien	Онъ спитъ хорошо
Que lui manque-t-il?	Чѣмъ онъ не здоровъ?
Il peut encore vivre dix à vingt ans	Онъ проживетъ еще лѣтъ съ 10 или 20.
Il vivra jusqu'à cent ans	Онъ сто лѣтъ проживетъ
Il vivra plus de cent ans	Онъ болѣе ста лѣтъ проживетъ
Quel âge a cette Demoiselle?	Сколько лѣтъ сей дѣвицѣ?
Je ne sais pas	Я не знаю
Je crois qu'elle a six ans	Я думаю, что ей не болѣе 6 лѣтъ
C'est encore un enfant	Она еще ребенокъ
Elle a dix ans	Ей отъ роду 10 лѣтъ

Elle

Elle a quinze ans	Пятнатцать лѣтъ
Elle est jolie	Она пригожа
Elle est belle	Она хороша
Il est joli	Онъ пригожъ
Il est beau	Онъ пригожъ
C'est un joli garçon	Онъ изрядной дѣтина, малой,
Il est fort sage	Онъ дѣтина разумный, постоянный
Il se fera	Онъ будетъ человѣкъ
Elle se fera	Она будетъ человѣкъ
Il deviendra grand	Онъ будетъ великъ
Elle deviendra grande	Она будетъ велика
Elle est aimable	Она прїятна
Il a de l'esprit	Онъ уменъ
Elle a beaucoup d'esprit	Онъ очень уменъ
Il est vif	Онъ бодръ, (живъ)
Elle a de la vivacité	Она жива, весела
Votre pére vit-il encore?	Живъ ли вашъ батюшка?
Oui, il vit encore	Живъ
Non, il est mort	Нѣтъ, онъ умеръ
Votre mére vit-elle encore?	Мать ваша жива еще?
Oui, elle vit encore	Жива
Non, elle ne vit plus	Нѣтъ, она уже умерла
Elle est morte	Она скончалась
Y a-t-il long-tems?	Давно ли?
Il y a deux ans	Тому два года назадъ
Il y a long-tems	Давно уже
Il n'y a pas long-tems	Не давно
Il y aura bientôt trois ans	Скоро тому будетъ три года назадъ
Il y aura sept ans à Pâque	О святой недѣлѣ будетъ седмь лѣтъ

Avez-vous encore pére & mére ? - - - -	Живы ли у васъ отецъ и мать ?
A-t-il encore pére & mére ? - - - -	Живъ ли еще у него отецъ и мать ?
Ont-ils des enfans ? -	Есть ли у нихъ дѣти
Il ont un garçon & une fille	У нихъ сынъ да дочь
Ils ont beaucoup d'enfans -	У нихъ много дѣтей
Il n'ont point d'enfans -	У нихъ дѣтей нѣтъ
Ils n'ont point de fille -	У нихъ дочери нѣтъ
Mais un fils unique -	Но одинъ сынъ
Une fille unique - -	Одна дочь
Le pére & la mére -	Отцъ и мать
Le fils & la fille - -	Сынъ и дочь
Le garçon, les garçons -	Мальчикъ, мальчики
le frére, la foeur - -	братъ, сестра
L'oncle, la tante - -	Дядя, тетка
L' neveu, la niéce - -	Племянникъ, племянница
L' coufin, la coufine -	Двоюродный братъ, двоюродная сестра
L' beau-pére - - -	Вотчимъ, тѣсть, свекръ
L' belle-mére - - -	Мачиха, теща, свекровь
Lé beau-fils - - -	Пасынокъ, зять
La belle fille - - -	Патчерица, невѣстка
Le gendre - - - -	Зять
La bru - - - -	Сноха, невѣстка
C'é mon frére - - -	Это братъ мой
C'é ma foeur - - -	Это сестра моя
Ce font mes fréres - -	Это мой братья
Et nes foeurs - - -	И мой сестры
Ce font mes enfans -	Это мой дѣти
Ce ont mes gens - -	Это мой люди

Quelles gens font-ce ? -	Что это за люди ?
Ce font nos domestiques -	Наши служители -
Ce font nos ouvriers -	Наши мастеровые
C'est son domestique -	Его служитель
C'est son valet - - -	Его слуга
C'est sa servante - -	Его служанка
C'est son maître - -	Его господинъ
C'est sa maîtresse - -	Его госпожа
C'est son précepteur -	Его учитель
C'est sa gouvernante -	Его учительница
Ce font leurs enfans -	Ихъ дѣти
C'est leur enfant - -	Ихъ дитя, ребенокъ
C'est leur fils - - -	Мхъ сынъ
C'est leur fille - - -	Ихъ дочь
C'est notre pére - -	Нашъ отецъ
C'est notre mére - -	Наша мать
Quelles gens font-ce-là ? -	
Qui font ces gens-là ? -	Что это за люди ?
L'un est un avocat - -	Одинъ стряпчей
Et l'autre un conseiller -	А другой Совѣтникъ
Celui-ci est le Comte de *	Этотъ Графъ *
Celui-là est le secretaire N*	А тотъ Секретарь N.
Ceux-ci font les parents -	Это родственники
Ex ceux-là font des domestiques ? - - - -	А это служители
Quelles personnes font-ce-là	Какіе это люди ?
Celle-ci est la Comtesse de *	Это Графиня *
L'autre la Conseillére N* -	А другая Совѣтниц N*
Celle-ci est une marchande	Эта купецкая жена
Et celle-là l'épouse de Monsr. le Président N*	А та супруга госпдина Президента N*
Celles-ci font des Bourgeoises - - - - -	Это мѣщанки

Et celles-là des étrangéres -	А тѣ чужестранныя
Voici l'époux de Madame N* - - - -	Вотъ супругъ госпожи N*
Et voila l'épouſe de Monſr. N* - - - -	И вотъ супруга господина N*
Il paroit encore jeune -	Кажется, что онъ еще молодъ
Et elle paroit fort âgée -	А она кажется быть уже очень стара
Vous avez raiſon - -	Это такъ
Elle étoit veuve quand il l'a épouſée - - -	Онъ взялъ ее за себя вдовою
Et il y a beaucoup d'apparence - - -	И легко станется,
Qu'il ſera bientôt veuf à ſon tour - - - •	Что онъ скоро овдовѣетъ
Y a-t-il des enfans du premier lit ? - - -	Есть ли у него отъ перваго ложа дѣти
Il y en a deux -	Есть у него двое
Un gançon - - - -	Сынъ
Et une fille - - - -	Да дочь
Lui eſt marié - - -	Онъ женатъ
Et elle ne l'eſt pas encore	Она еще не замужемъ
Mais on dit - - -	Однако говорятъ
Qu'elle le ſera bientôt -	Что она скоро выдетъ замужъ
On parle de la marier -	Говорятъ, что она скоро замужъ выдетъ
Elle épouſera, dit-on -	Она выдетъ за сына
Le fils de Son Excellence Monſr. le Lieutenant Général de ** - - -	Его Превосходительства господина Генерала Порутчика *
Qui eſt fort riche - -	Которой очень богатъ

Et

Et qui n'a que ce feul fils -	И у котораго одинъ только сынъ
C'eft un bon parti pour lui.	Онъ симъ бракомъ щасливъ будетъ
C'eft un bon parti pour elle.	Она симъ бракомъ щаслива будетъ

X. Leçon.

У Р О К Ъ X.

Quel tems fait-il? - -	Какая на дворѣ погода?
Il fait beau tems - -	Изрядная погода на дворѣ
Il fait un tems charmant -	Очень прїятная погода
Il fait un tems admirable -	Благополучная погода
Il fait du foleil - - -	Солнце сїяетъ
Il fait un beau foleil -	Весьма ясная погода
Mais il fait chaud - -	Однакожъ жарко
Il fait fort chaud - -	Весьма жаркой день
Il fait une grande chaleur -	
Il fait extrémement chaud -	Очень жаркой день
Il fait une chaleur exceffive, infupportable - - -	Чрезвычайно, жарко несносной жаръ
Nous aurons un orage -	Погода будетъ (туча)
Nous aurons du tonnerre -	Нынѣ громъ будетъ
De la pluie - - - -	Дожжикъ будетъ
Il commence à pleuvoir -	Дожжикъ льетъ ужè
Il pleut - - - -	Дожжикъ идетъ
Il fait du vent - - -	Вѣтрено
Il fait des éclairs - -	Молнїя блистаетъ
Il fait du tonnerre - -	Громъ гремитъ
Il tonne - - - -	Громъ гремитъ
Il pleut à verfe - - -	Сильной дождь идетъ
Il fait un vilain tems -	Худая погода
Il fait un tems affreux -	Очень худая погода

Il ne fait que pleuvoir	безпрестанно дождь идетъ
Il pleut continuellement	Дождь не перестаетъ
Il ne cesse de pleuvoir	Все дождь идетъ
Il fait un tems	Погода такъ худа что изъ двора выпти не можно
Qu'on ne mettroit pas un chien à la porte	
Il fait un très-mauvais tems	Весьма худая погода стала
Il fait de la boue	Грязно стало
Il fait bien de la boue	Очень грязно
Il fait crotté	Грязно
Il fait bien crotté	Очень грязно
Il n'est pas possible	Невозможно
D'aller à pied	Пѣшкомъ ходить
I pleut	Дожжикъ идетъ
Il grêle	Градъ идетъ
Il neige	Снѣгъ идетъ
Il géle	Морозитъ
Il commence à géler	Морозитъ стало
Il géle bien fort	Сильно морозитъ
La Néva est prise	Нева стала
La Néva est toute gelée	Нева покрылась льдомъ
Elle est toute couverte de glace	Она совсѣмъ покрыта льдомъ
Elle porte déjà	Уже ледъ подымаетъ людей
On y passe à pied	Ходятъ уже по ней пѣшкомъ
On y passe en traîneau	По ней уже ѣздятъ въ саняхъ
On y passe en voiture	По ней въ коляскѣ ѣздятъ
Elle dégéle	Ледъ таетъ

Elle

Elle commence à dégéler -	Ледъ сталъ таять
La glace est rompue - -	Ее ужè взломало
La riviére se nettoie - -	Она ужè прошла
Elle charie de gros glaçons	По ней большой ледъ идетъ
Elle ne charie plus - -	По ней ледъ ужè не идетъ
On mettra bientôt le pont -	Скоро мостъ наведутъ
On met le pont de bateaux	Дѣлаютъ мостъ на судахъ
Le pont est mis - -	Мостъ наведенъ
Il est achevé - - -	Онъ ужè совсѣмъ готовъ
On y passe déjà - -	
On y passe à pied, à cheval & en voiture -	Ходятъ по мосту, и на лошадяхъ ѣздятъ
Quelle heure est-il ? -	Которой часъ ?
Il est une heure - -	Часъ
- - deux heures - -	Два
- - trois heures - -	Три
- - quatre heures -	Четыре
- - cinq heures - -	Пять
- - six heures - -	Шесть ⎫ било
- - sept heures - -	Седмь
- - huit heures - -	Восемь
- - neuf heures - -	Девять
- - dix heures - -	Десять
- - onze heures - -	Одинатцать ⎭
Il est midi - - -	Двенатцать било
- - midi & un quart -	Четверть перваго часа
- - midi & demi -	Половина перваго часа
- - une heure moins un quart - - - -	Три четверти перваго
- - une heure & un quart	Четверть втораго часа
- - une heure & demie	Половина втораго часа

Il est deux heures moins un quart	Три четверти втораго часа
- - deux heures & demie	Половина третьяго
- - minuit	Полночь
- - minuit & un quart	Четверть по полуночи
- - minuit & demi	Полчаса по полуночи
- - encore de bonne heure	Рано еще
- - déjà tard	Уже поздно
Il se fait tard	Поздно
Il n'est pas tard	Не поздно
Il est déjà fort tard	Очень уже поздно
Il est trop tard	Весьма поздно
Pourquoi voulez-vous déjà vous en aller?	Для чего вы уже хотите прочь итти?
Pourquoi vous en allez-vous déjà?	Для чего вы уже прочь идете?
Attendez encore un peu	Погодите еще не множко
Attendez encore un moment	Постойте на часъ
Ne vous en allez pas si vîte	Не уходите такъ скоро
- - - - sitôt	Не уходите такъ рано
- - - - encore	Не уходите еще
C'est trop tôt	Очень рано
C'est trop tard	Очень поздно
Vous êtes bien pressé	Вы очень спѣшите
Quelle heure est-il	Которой часъ
A votre montre?	На вашихъ часахъ?
Il est sept heures	Десять минутъ
Et dix minutes	Осмаго часа
Et vingt minutes	Дватцать минутъ
Il est justement onze heures	Ровно одинатцать
Il est justement midi	Ровно двенатцать
Il est juste minuit	Ровно полночь
Il est juste cinq heures	Ровно пять часовъ

Eh

Eh bien, vous avez encore	Еще
Du tems de refe - -	Вамъ время
Pardonnez-moi - - -	Не погнѣвайтесь
Il faut que je m'en aille -	Мнѣ надобно итти
Votre montre va-t-elle bien? - - - -	Вѣрно ли ваши часы ходятъ?
Oui, elle va bien - -	Да, очень вѣрно
Elle retarde un peu - -	Они нѣсколько отстали
Elle retarde de cinq minutes - - - - -	Они пятью минутами отстали
Elle avance - - - -	Они уходятъ
Elle avance de neuf minutes - - - - -	Они уходятъ девятью минутами
Elle avance d'une demi-heure - - - -	Они уходятъ тритцатью минутами
Elle eft arrêtée - - -	Они остановились
Elle ne va pas - - -	Они не ходятъ
Elle eft détraquée - -	Они сошли
Le reffort eft caffé - -	Пружина сломалась
Elle ne va pas - - -	Они не ходятъ
Il faut la remonter - -	Надобно ихъ опять завести
Je viens de la remonter -	Я ихъ теперь завелъ
A préfent elle va - -	Теперь они идутъ
Comment la réglez-vous? -	На которой часъ вы ихъ ставите
L'avez-vous réglée? - -	Поставили ли вы часы?
Je la régle tous les jours -	Я ихъ всякой день ставлю
Au foleil - - - -	По сольнцу
Au méridien - - -	По мередïану
A l'horloge de l'Amirauté	По адмиральтейскимъ часамъ

A notre pendule	По нашимъ стѣнными часамъ
Nous avons une bonne pendule	Наши стѣнные часы хороши
Elle ſonne les heures	бьютъ часы
Et les quarts d'heure	И четверти часа
Quelle montre eſt-ce-là?	Какіе эти часы
C'eſt une montre d'Angleterre	Они Аглинскіе
C'eſt une montre à répétition	Эти часы съ репетиціею
- - - de Généve	Эти женевскіе часы
- - - d'or	Эти золотые часы
Mais la chaîne	Но цѣпочка
Eſt de tombac doré	Тампаковая и вызолоченая
Elle eſt jolie	Они хороши
Elle eſt petite	Маленькіе
Elle eſt mignonne	Очень хороши
Combien vous coute-t-elle?	Во что они вамъ стали?
Combien vous a-t-elle couté?	Что вы за нихъ дали?
J'en ai donné cent Roubles	Я далъ сто рублей
Cinquante Roubles	Пятдесятъ рублей
Trente Roubles	Тритцать рублей
Vingt-cinq Roubles	Дватцать пять рублей
C'eſt beaucoup	Дорого
C'eſt trop	Это очень много
C'eſt aſſez	Довольно
Ce n'eſt pas cher	Не дорого
Si elle eſt bonne	Ежели они хороши
Si elle va bien	Ежели они хорошо идутъ
Oh pour cela	Въ томъ я васъ обнадеживаю

Je

Je vous en réponds - -	Я васъ въ томъ увѣряю
Je vous en assure - -	Я васъ увѣряю
Je vous la garantis pour bonne - - -	Я въ томъ поручаюсь Что они хороши
Je l'ai eue - - -	Они у меня были
Six mois à l'épreuve - -	Шесть мѣсяцовъ на пробѣ
Si vous voulez - -	Ежели вы хотите
Je vous la vendrai - -	Я вамъ оныя продамъ
Combien en voulez-vous Donnez-m'en - -	Чего вы за нихъ просите
Trente-cinq Roubles -	Тритцать пять рублей
Je vous jure - -	Я божусь
Je vous assure - -	Я васъ увѣряю
Je vous proteste - -	
Qu'elle m'en coute quarante	Что они мнѣ стали въ сорокъ
C'est trop cher pour moi	Онѣ для меня очень дороги
Je vous en donnerai -	Я вамъ дамъ
Je vous en offre -	Я дамъ
Trente - - -	Тритцать
Eh bien, je vous la laisse	Хорошо возмите
A ce prix - - -	За эту цѣну
Tenez, la voilà - -	Вотъ они
Avec la chaîne - -	Съ цѣпочкою
Le cachet - - -	Съ печатью
Le chiffre - - -	Съ вензелемъ
Et les breloques - -	Съ протчими штучками
Je veux en acheter une -	Я куплю себѣ часы
D'argent - - -	Серебреные
De tombac - - -	Томпаковые
D'or - - -	Золотые
Car je ne saurois -	Потому мнѣ нельзя

Me

Me paſſer - - - - -	быть
De montre - - - - -	безъ часовъ

XI. Leçon.

Sur les Particules relatives, *le*, *la*, *l'*, *les*, *y*, *en*.

УРОКЪ XI.

Оупотребленіи частицъ возносительныхъ, le, la, l', les, y, en.

Avez-vous mon livre? -	Увасъ ли моя книга?
Oui, je l'ai - - -	Да, у меня
Si vous le voulez, le voilà	Ежели вамъ ее надобно, то возмите
Le voici, tenez - - -	Вотъ она
Prenez-le - - - -	Возмите ее
Où eſt la plume? - -	Гдѣ перо?
L'avez-vous vue? - -	Видѣли ли вы ево?
Non, je ne l'ai pas vue -	Нѣтъ, я ево не видалъ.
Je ne ſais qui me l'a priſe	Я не знаю, кто ево у меня взялъ,
Ni moi non plus - -	И я также не знаю.
Elle étoit dans mon étui à plumes - - - -	Оно у меня было въ футлярѣ
Cherchez-la - - -	Ищите ево тамъ
Vous la trouverez peut-être	Можетъ быть вы ево найдете
Par terre, ſur la table -	На полу, на столѣ.
Sous la table - - -	Подъ столомъ.
Tenez, la voilà dans l'encrier	Вотъ оно въ чернильницѣ

Une

Une autre fois ayez mieux soin de vos livres & de vos plumes - - -	Въ другой разъ лутче берегите своихъ книгъ, й перьевъ
Mettez-les à leur place, rangez-les comme il faut -	Положите ихъ къ мѣсту куды что надлежитъ.
Quand les jeunes gens font négligens, pareffeux il faut les punir, les châtier	Когда дѣти нерадивы, лѣнивы, что ихъ зато наказывать должно
Il ne faut jamais les flatter	Ихъ никогда ласкать не должно
Cela les gâte - - -	Это ихъ портитъ.
Connoiffez - vous cet homme - là ? - - -	Знаете ли вы этого человѣка ?
Oui, je le connois - -	Да, я ево знаю.
Non, je ne le connois pas	Нѣтъ, я ево не знаю.
Votre frére dit qu'il le connoit - - - -	Вашъ братецъ говоритъ, будто онъ ево знаетъ.
Il doit le connoître particuliérement - - -	Надобно чтобъ онъ ево очень зналъ
Car ils font souvent enfemble - - - -	Потому что они часто бываютъ въ мѣстѣ
Pour moi je le connois de nom, de renommée, de réputation - - -	Что до меня касается, я ево только по имени знаю,
Mais je ne le connois pas perfonellement - -	Но по лицу ево не знаю.
Je l'ai vu deux ou trois fois fans favoir qui il étoit - - - -	Я ево видѣлъ раза два или три, не знаю, кто онъ таковъ
Et cette Dame, la connoiffez-vous ? - - - -	А эту госпожу, знаете ли вы ?
Oui, je la connois - -	Да, я ее знаю.
Non, je ne la connois pas	Нѣтъ, я ее не знаю.

Je

Je voudrois bien la connoître - - - -	Я бы хотѣлъ ее знать.
Je la vois souvent passer devant notre maison -	Она часто мимо нашего двора ходитъ
Par cette rue - - -	По этой улицѣ.
Ma soeur la rencontre quelquefois, fort souvent -	Она попадается моей сестрѣ очень часто
Et elles se saluent l'une l'autre - - - -	Онѣ другъ другу кланяются
Il faut que votre soeur la connoisse - - - -	Надобно чтобъ ваша сестрица ее знала.
Oui, elle la connoit mieux que moi - - -	Да, она ее знаетъ лутче меня.
Voilà des Messieurs & des Dames - - - -	Вотъ господа и госпожи
Les voyez-vous? - -	Видите ли вы ихъ?
Oui, je les vois venir -	Да, я вижу что они сюды идутъ.
Ils viennent à nous, de notre côté - - -	Они къ намъ идутъ на встрѣчу
Nous les rencontrerons -	А мы съ ними встрѣтимся
Les voilà près de nous -	Вотъ, они ужé недалеко
Il faut les saluer - -	Надобно имъ поклониться
Je le veux bien - - -	Хорошо поклонюсь.
Et moi aussi - - -	И я такъже.
Les Dames ne sauroient le prendre de mauvaise part, ni les Messieurs non plus	Госпожи насъ за то не осудятъ нижé господа
Qu'ils le prennent comme ils voudront - - -	Какъ хотятъ.
Qu'importe? - - -	Что нужды, нѣтъ ничево
Qu'il le prenne comme il voudra - - - -	Пусть онъ осудитъ или нѣтъ.

Cela

Cela ne fait rien	Нѣтъ ничево,
Cela ne me fait rien	Это даромъ
Cela ne nous fait rien	Для насъ это даромъ
Une politesse est toujours bien placée	Учтивство всегда къ стати
Cela est vrai	Это правда
Cela est sûr	Это подлинно
Je le sais	Я это знаю
Je vous l'accorde	Я неспорю, и я тогожъ мнѣнія.
Personne ne sauroit le nier,	Никто не скажетъ что нетакъ
Le désapprouver, le blâmer.	Никто не похулитъ, никто не осудитъ
Pourquoi le désapprouveroit-on?	Для чего это хулить?
Eh bien, comment va la santé	Какъ вы можете, все ли въ добромъ здоровьѣ?
Vous trouvez-vous mieux?	Легче ли вамъ?
Etes-vous encore malade?	Что вы еще больны?
Je le suis encore un peu, mais cela va mieux	Я еще нѣсколько боленъ, но уже мнѣ полегче стало.
Et Madame votre épouse, l'est-elle encore?	А сожительница ваша еще больна?
Non elle ne l'est plus	Нѣтъ, она ужé выздоровѣла
J'ai appris que vos enfans étoient indisposés	Я слышалъ что дѣти ваши были больны
Cela est-il vrai?	Правда ли это?
Ils le sont encore un peu	Да, они еще нѣсколько больны.
Mais ce n'est rien, cela se passera	Однако неочень, пройдетъ.

Еſ.

Est-il vrai que vous êtes faché contre moi? - | Правда ли это, что вы на меня сердиты?

Non je ne le suis pas - | Нѣтъ, я не сердитъ.

Qui vous l'a dit? - - | Кто это вамъ сказалъ?

Cela est faux . . - | Это не правда,

Pourquoi ferois-je faché contre vous? - - - | За что мнѣ на васъ сердиться?

A Dieu ne plaise que je le fois - - - - - - | Не дай богъ чтобъ я на васъ сердился.

Eh! vous ne m'avez rien fait - - - - - - | Вы мнѣ ничего не здѣлали

Si je l'étois je vous le dirois. - - - - | Ежели бы я былъ на васъ сердитъ, тобы я вамъ сказалъ.

Mais vous ne m'avez jamais donné fujet de l'être - | Но вы мнѣ никогда не подавали причины на васъ сердиться.

A la bonne heure - - | Очень хорошо.

Je fuis charmé que vous me le difiez franchement - | Я радуюсь что вы мнѣ это сказали безъ обиняковъ,

Avez-vous de l'argent? - | Есть ли у васъ деньги?

Oui, j'en ai un peu - - | Есть, да не много

Combien en avez-vous? - | Сколько?

Hélas! je n'en ai pas beaucoup - - - - - | Ахъ! не много

En avez-vous affez pour m'en prêter? - - - | Есть ли у васъ столько, чтобъ мнѣ въ долгъ дать?

Combien en avez-vous? - | Сколько у васъ?

Je n'ai qu'un demi-Rouble | У меня только полтина

Un quart de Rouble, ou | Четверть рубля или

Vingt-cinq copics - - | Двадцать пять копѣекъ

Une grive, ou	Гривна, или
Dix copics	Десять копѣекъ
Eh bien, gardez cela pour vous	Хорошо оставте это для себя
Vous n'en [avez pas de refte	У васъ самихъ лишняго нѣтъ.
Il eft bien vrai	Это правда,
Cependant difpofez-en	Однако возмите, сколько у меня есть
Prenez-en ce qu'il vous plaira	Возмите сколько вамъ угодно
Tout eft à votre fervice	Возмите хоть все.
Mais vous en avez befoin?	А вамъ въ нихъ нужда?
Vous en aurez befoin vous-même	Вамъ самимъ въ нихъ нужда будетъ
Oh que non.	Никакъ.
Je m'en pafferai bien aujourd'hui & demain	Они мнѣ не надобны ни севодни ни завтра,
Voilà de bon pain & de bon fromage	Вотъ хорошей хлѣбъ и хорошей сыръ,
Mangez-en	Покушайте ево.
Et voici de la biére & du vin	Вотъ здѣсь пиво и вино
En voulez-vous?	Изволите ли?
Vous en plait-il?	Прикажите ли?
En fouhaitez-vous?	Желаете ли?
Le coeur vous en dit-il?	Хочеться ли вамъ?
Buvez-en fans façon	Пейте безъ всякихъ церемонїй,
Je vous en prie	Я васъ прошу,
Je vous en conjure	Я васъ покорно прошу,
Je vous en fupplie	Всепокорнѣйше прошу,
Affurément c'eft être bien obligeant, bien poli,	Право вы очень учтивы.

Il est bien civil, Il est fort complaisant - - -	Онъ весьма учтивъ.
Elle est très - gracieuse & fort prévenante - -	Она очень учтива? привѣтлива, ласкова.
Je m'en étonne - - -	Я тому удивляюсь.
J'en suis surpris, j'en suis étonné - - -	Я тому дивлюся.
Pourquoi s'en étonner? -	Чему дивиться?
Les personnes bien élevées en agissent librement, en gens d'esprit, en gens qui savent vivre - - -	Люди хорошо воспитанные поступаютъ смѣло какъ надлѣжитъ разумнымъ людямъ, такимъ людямъ, которые съ другими умѣютъ обходиться,
Irons-nous aujourd'hui faire un tour de promenade?	Пойдемъ ли мы севодни гулять?
Où irons-nous? - -	Куда намъ итти?
Où irez vous? - - -	Куда вы пойдете?
Où irai-je? - - -	Куда мнѣ итти?
Je n'en fais rien - -	Я право не знаю.
Allez vous au Vasili-Ostrof? - - - -	Пойдѣте ли вы на васильевской островъ?
Oui j'y vais - - -	Да я туда иду.
Voulez-vous y aller? -	И вы туда пойдете?
Je le veux bien - -	Добро.
Nous y irons ensemble -	Мы вмѣстѣ туда пойдемъ.
J'y consens, allons-y -	Я согласенъ, пойдемъ туда,
Si j'y vais je vous le dirai	Ежели туда пойду, то вамъ скажу.
Je vous le ferai dire -	Я пошлю къ вамъ сказать.
Fort-bien, n'y manquez pas - - - -	Изрядно, толька не позабудьте.

Irai-je là-bas ? - - -	Пойти ли мнѣ туда?
Où donc ? - - - -	Кудажъ?
Où je vous ai dit tantôt -	Куда я вамъ сей часъ сказалъ.
Oui allez-y - - -	Хорошо пойдите туда.
Non n'y allez pas - -	Нѣтъ, неходите туда.
Venez avec moi - -	Пойдемъ со мною.
Ne voulez-vous pas y venir ?	Не придетели вы туда?
Qu'y ferai-je ? - - -	Что мнѣ тамъ дѣлать?
Je n'y ai point de plai-sir - - - -	Я тамъ никакого веселья не нахожу
Je n'y connois personne -	Я тамъ никого не знаю.
Pour moi j'y ai bien du plai-sir - - - -	А для меня тамъ очень весело
J'y vais fort souvent -	Я часто туда хожу
Nous y allons toutes les se-maines une fois, une ou deux fois, trois fois, qua-tre fois - - -	Мы на всякую недѣлю ходимъ туда по одному по два, по три, по четыре раза
Quand il nous plait - -	Когда намъ угодно.
Quand je veux - - -	Когда я хочу
Quand il me plait - -	Когда мнѣ полюбится
Quand nous voulons - -	Когда мы хотимъ
Quand bon nous semble -	Когда намъ вздумается
M'entendez--vous ? - -	Разумѣете ли меня?
Oui, je vous entends bien	Да я васъ довольно разумѣю
Vous l'avez déviné - -	Вы угадали
Vous y êtes - - -	Отгадали.
Vous n'y êtes pas - -	Вы не отгадали.
Y viendrez-vous ? - -	Придетели вы туды?
Y viendra-t-il ? - - -	Придетъ ли онъ туда!
Y viendront-ils ? - -	Придутъ ли они туда!

Y vi·

Y viendront-elles?	Придутъ ли онѣ туда?
S'ils y vont j'y irai auſſi	Ежели они туда пойдутъ то и я пойду.
Si elles y vont nous y irons auſſi	Ежели онѣ туды пойдутъ то и мы пойдемъ.
Fort bien la choſe en reſtera-là	Изрядно, быть посему
Nous en reſterons-là	быть по тому
Mais n'y manquez pas	Только не забудьте.

XII. Leçon.

УРОКЪ XII.

Qu'y a-t-il?	Кто тутъ?
Qu'entends-je?	Что я слышу?
Quel bruit eſt-ce-là?	Что тамъ за шумъ?
Quel vacarme eſt-ce-là?	Что за крикъ?
On dit qu'il y a du feu	Говорятъ, что пожаръ
Où donc?	А гдѣжъ?
Je ne ſais pas	Я тово не знаю
J'entends dire	Я слышу, что говорятъ,
Que c'eſt dans la rue de *	Что на улицѣ N.
Et qu'il y a déjà deux maiſons de brûlées	И что ужé два двора згорѣли.
Voila bien du monde	Вотъ сколько народу.
Que ſignifie tout ce monde-là?	Что за народъ?
Quel peuple?	Сколько народу?
Que de gens!	Сколько людей!
Que de populace!	
Quelle populace!	Сколько народу!
Quelle foule!	
Quelle cohue!	Сколько людей?

Quelle

Quelle foule de gens !	Что за народъ ?
Quelle foule de monde !	
On ne ſauroit paſſer	Не льзя пройти.
La preſſe eſt ſi grande qu’ on étouffe	Такая тѣснота что и пройти не льзя.
On ſe porte les uns les autres	Другъ друга носятъ
Prenons un autre chemin	Пойдемъ другою дорогою.
Quel chemin prendrons-nous ?	Какою ?
Par quelle rue irons-nous ?	По какой улицѣ намъ итти ?
Par où irez-vous ?	По какой дорогѣ пойдете вы ?
Par où vous voudrez	По которой вы изволите
Paſſons par ici	Пойдемъ по этой дорогѣ.
Allons par-là	Пойдемъ по той дорогѣ
Il fait trop crotté par-là	Тамъ очень грязно
Par cette rue	По сей улицѣ
De ce côté	По сей сторонѣ.
Il fait meilleur par ici	Здѣсь лутче
De l’autre côté	На той сторонѣ
Prenons un traîneau	Сядемъ въ сани.
Je m’en vais prendre un traîneau	Я хочу сани взять.
Il faut prendre un traîneau	Надобно сѣсть въ сани
Prenez une voiture	Садитесь въ коляску
Prenez une Cariole	Садитесь въ одноколку.
Oui , j’en prendrois bien une , mais je crains de renverſer , de culbuter	Я бы взялъ одноколку но боюсь, чтобы не вывалиться, опрокинутся
De me caſſer bras & jambes	Чтобъ не переломать рукъ и ногъ

Faites comme vous voudrez — Дѣлайте какъ хотите.

Puisqu'il fait beau, puisqu'il fait fec, j'irai à pied — Я пойду пѣшкомъ, потому что хорощая погода, сухо.

Vous ferez bien — Хорошо.

Vous ferez mieux — Вы лутче здѣлаете

Il n'y a pas tant de risque — Не такъ опасно, большой опасности нѣтъ.

Prenez garde à vous — Берегитесь.

Retirez-vous — Посторонитесь, подите посторону.

Rangez-vous — Станьте въ порядокъ.

Mettez-vous de côté — Станьте къ сторонѣ.

Laissez passer ce cheval, ces chevaux, ce chariot, cette voiture — Дайте проѣхать этой лошади, лошадямъ, тѣлегѣ, коляскѣ.

Entrons ici dans cette boutique — Войдемъ въ эту лавку.

Avez-vous des bas de soie? — Есть ли у васъ шелковые чулки?

Vendez-vous de la mousseline, des dentelles? — Продаете ли вы кисею, кружево?

Avez-vous du papier? — Есть ли у васъ бумага?

De la cire d'espagne? — — — — — Сургучъ?

De la cire à cacheter? — — — — — Сургучъ?

De l'encre & des plumes? — Чернилы и перья?

Combien vendez-vous cela? — По какой цѣнѣ вы это продаете?

Combien vendez-vous l'aune? — Почему продаете вы аршинъ?

La livre? — Фунтъ?

La douzaine? — Дюжину?

La demi-douzaine? — Полдюжины?

Combien en souhaitez-vous ?	Сколько вамъ надобно ?
Combien vous en plait-il ?	Сколько изволите ?
Donnez m'en une aune	Отрѣжьте мнѣ отъ этова аршинъ
Une demi-aune	Поларшина.
Une aune & demie	Полтара аршина
Une aune & un quart	Аршинъ съ четвертью.
Une livre & demie	Отвѣсьте мнѣ эти во полтара фунта
Un quart de livre	Четверть фунта.
Une once, deux onces	Одну унцію, двѣ унціи.
Un lot, deux lots	Одинъ лотъ, два лота.
Un paquet de plumes	Дайте мнѣ пукъ перьевъ
Un paquet de tabac à fumer	Картусъ курительнаго табаку.
Une livre de tabac en poudre	Фунтъ носоваго табаку.
De St. Vincent	Фунтъ десантъ винценту
De St. Omer	Сантъ Омеру
De Paris	Парижскаго.
De Dunkerque	Дюнкиркскаго
Du tabac d'espagne	Ишпанскаго.
Du vin de france	Францускаго вина
Du bourgogne	Бургонскаго
Du champagne	Шампанскаго.
Du vin de pays	Здѣшняго
Du vin d'hongrie	Вѣнгерскаго
De la biére d'angleterre	Аглинскаго пива
De l'hydromel	Меду
Des liqueurs	Ликеровъ
De l'eau de vie	Водки
De l'eau de vie de france	Француской водки

Nous en avons vu affez ici - - - -	Мы довольно того здѣсь видали
Allons plus loin - - -	Пойдемте подалѣ:
Retournons fur nos pas -	Пойдемте назадъ:
Je m'en vais au logis -	Я иду домой
Et moi auffi - - -	И я также
Eh bien, adieu, à l'honneur:	Такъ прощайте.
A l'honneur de vous revoir:	Прощайте пока опять не увидимся:
A vous revoir - - -	Приходите поскорѣе назадъ:
Revenez bientôt - - -	
Venez bientôt me voir -	Милости просимъ къ себѣ:
Vous venez bien rarement	Вы очень рѣдко ко мнѣ жалуете
On vous voit bien rarement:	Васъ очень рѣдко видать:
C'eft que j'ai à faire -	У меня очень много дѣла
C'eft que je fuis feul -	И я притомъ одинъ:
C'eft que je ne faurois fortir quand bon me femble	Мнѣ не можно ходить со двора когда захочется.
Qu'avez vous à faire?	Какое у васъ дѣло?
Quelles font donc vos affaires? - - - -	Что за дѣло у васъ?
Vous avez donc bien à faire? - - - -	Поэтому у васъ много дѣла?
Paffablement - - -	Живетъ:
Je fuis occupé toute la journée - - -	Я весь день тружусь:
Je n'ai guére le tems de fortir; de me promener - - -	Мнѣ почти недостаетъ времяни со двора ходить, прогуливаться:
Tant mieux - - -	Тѣмъ лутче.
C'eft une bonne marque;	По этому, видно что естъ

c'eſt que vous gagnez beaucoup - - - - -	вы достаете много денегъ
Pas tant, s'il vous plait -	Не такъ много, какъ вы думаете.
Tout eſt cher - - -	Все дорого.
Il faut bien travailler pour gagner quelque choſe -	Надобно много трудиться, чтобъ себѣ что нибуть нажить.

XIII. L E Ç O N.

Sur les adjectifs & leurs dégrés de comparaiſon.

У Р О К Ъ XIII.

О именахъ прилагательныхъ и уравнительныхъ степеняхъ.

On dit que ce marchand eſt riche - - - -	Говорятъ, что этотъ купецъ богатъ.
Cela eſt vrai, & même il eſt plus riche qu'on ne le dit - - - -	Ето правда, да онъ еще гораздо богатѣе, нежели какъ люди говорятъ.
C'eſt le plus riche marchand de cette ville - - -	Онъ самой богатой купецъ въ семъ городѣ.
Il a amaſſé de grandes richeſſes - - - -	Онъ себѣ нажилъ великое богатство
Il eſt riche de plus de trois cents mille Roubles -	Унево болѣе 300000. рублевъ.
Bagatelle que cela! - -	Ето бездѣлица, ничево не стоитъ.
Il y en a encore de plus riches que lui - -	Есть еще гораздо богатѣе ево,

Quel.

Quelque riche qu'il foit, il ne laiſſe pas que d'être avare	Сколь онъ ни богатъ, только скупъ.
On le dit cependant géneÂreux & charitable - -	Однако говорятъ, что щедръ и податливъ.
S'il étoit auſſi généreux & auſſi charitable que vous le dites - - - -	Ежели бы онъ былъ такъ щедръ и податливъ какъ говорите,
Il n'en feroit que plus eÂſtimé - - -	Тобъ его болѣе почиÂтали
Mais il eſt fort chiche -	Однако скуляга
Il eſt ſi avare qu'il ſe refuſe même le néceſſaire -	Онъ такъ скупъ, что самъ нужду терпитъ.
Il eſt donc bien à plainÂdre avec toutes ſes riÂcheſſes - - - -	Онъ очень с жалѣнія доÂстоинъ, не смотря на то что богатъ
Je le croyois très - heuÂreux ; - - -	Я ево почиталъ за веьма щастливаго человѣка,
Mais à ce que j'entends, à ce que je vois, il eſt trèsÂmalheureux - - -	Но какъ я слышу и вижу то онъ очень не щаÂстливъ.
Son voiſin, qui eſt un pauvre homme, eſt aſſu ément plus heureux que lui .	Сосѣдъ ево, которой чеÂловѣкъ убогой, гораздо щастливѣе
Et infiniment plus eſtimaÂmable - - -	И несравненно больше доÂстоинъ почтенія.
Que fert d'avoir tant de bien, ſi l'on ne fait s'en faire honneur ? - - -	Къ чему служитъ таÂкое богатство, естьли ево не употреблять?
Ce drap me plait - -	Ето сукно мнѣ нравится.
Il eſt fort beau - - -	Оно очень хорошо,
Tenez, en voici de plus beau - - -	Вотъ, которое гораздо лутче,
En effet c'eſt le plus beau	Ето правда, что самое
	drap

drap que l'on puisse voir	лутчее сукно, которое достать можно.
De quel prix est-il?	Почему?
Il n'a point de prix, car il n'est pas à vendre	Нѣтъ ему цѣны, потому что не продажное.
Mais enfin à combien en évaluez-vous l'aune?	Однако почему вы продаете аршинъ?
Tout au-moins à 4. 5. 6. 7. 8. Roubles	Самая крайная цѣна 4. 5. 6. 7. 8. рублевъ.
C'est bien cher!	Очень дорого!
C'est trop cher	Чрезмѣрно дорого.
C'est un prix exorbitant	Ето высокая цѣна
C'est d'une cherté extrême	Ето чрезвычайно дорого.
Je n'ai rien vu de si beau, de si fin, de si fort, de si bonne durée	Я не видалъ еще сукна, которое бы было такъ хорошо такъ тонко и такъ крѣпко.
Que dites-vous de ce vin?	Каково вамъ кажется ето вино?
N'est-il pas bon?	Не хорошо ли оно?
Il est très-bon	Оно очень хорошо
Je n'en connois pas de meilleur	Я лутчева не видалъ.
En effet c'est le meilleur vin que j'aie bu de ma vie	Правда я отроду такова вина не пивалъ.
Ne le flattez pas	Не хвалите ево,
Il n'est sûrement pas mauvais	Оно право хорошо.
Il s'en boit de pire	Пьютъ и такое, которое и похуже.
Le premier que j'ai goûté est assurément excellent	Первое, которое отвѣдалъ ей ей хорошо.
Vous avez raison	Ваша правда,
Je suis de votre sentiment	Я вашего мнѣнія.

En voilà du blanc qui est moindre à la vérité, mais il ne laisse pas que d'avoir son mérite - - -	Вотъ бѣлое, которое хотя и не такъ хорошо, однако и оно годится, не худо.
C'est un petit vin de table qui n'incommode jamais	Ето легкое вино, которое не вредитъ
Nous viendrons plus souvent vous voir - -	Мы къ вамъ почаще будемъ ходить,
Le plus souvent ne fera que le meilleur - - -	Чѣмъ чаще, тѣмъ намъ прїятнѣе.
Vous ferez toujours le bien venu , - - -	Мы всегда вамъ ради будемъ.
Je suis bien votre très-humble serviteur - - -	Покорнѣйшїй вашъ слуга
Et moi très-parfaitement le vôtre - - - -	И я равномѣрно вашъ покорнѣйшїй слуга.
Au-moins tenez votre parole - - - -	Устойтежъ въ своемъ словѣ.
Vous ne sauriez mieux faire	Ето всево лутче будетъ
Cela va le mieux du monde - - - -	Ето очень хорошо, изрядно
Voilà qui va à merveille -	То то изрядно.
Ecrivons à qui mieux mieux - - - -	Станемъ писать кто лутче умѣетъ.
Voyons qui fera le mieux - - - -	Увидимъ, кто лутче здѣлаетъ,
Il est moins gai quand il n'a pas d'argent, que quand il en a - -	Онъ веселѣе, когда у нево деньги есть, нежели когда нѣтъ.
Cela est naturel - - -	Ето не дивно, етому нечево дивиться.
Elle, c'est tout le contraire,	Она напротивъ того,

moins elle a d'argent,
plus elle est contente -
Que j'en aie, ou que je
n'en aie pas, c'est le
moindre de mes soucis

Tout le monde n'est pas
de ce tempérament .

Plus on a, plus on veut
avoir . . . .

Moins de besoins, moins
de soucis . . . .

Il faut songer à amasser
quelque chose - -

C'est la moindre de mes
pensées . . . .

L'homme propose & Dieu
dispose . . . .

Ce n'est point un mérite que
d'être riche ; mais c'en est
un que de savoir faire un
bon usage de ses richesses.

La vertu seule fait le vrai
mérite de l'homme .

Quand la vertu est jointe a
de beaux talens, elle fait
l'homme accompli .

чѣмъ меньше имѣетъ
денегъ, тѣмъ веселѣе.

Я мало печалюсь, хоть
деньги есть хоть нѣтъ.

Не всякъ такова сложенія.

Чѣмъ кто больше имѣ-
етъ тѣмъ болѣе же-
лаетъ.

Кому мало надобно, у
тово не много и за-
ботъ.

Надобно что нибудь на-
копить.

О томъ я очень мало ду-
маю.

Не по человѣческому хо-
тѣнію но по божію
произволенію дѣла про-
изходятъ

Имѣть богатство не мно-
гаго стоитъ, однако
оное умѣть употре-
блять, великое дѣло.

Одна только добродѣтель
придаетъ человѣку до-
стоинство.

Соединенная съ хорошими
дарованіями добродѣ-
тель дѣлаетъ чело-
вѣка совершеннымъ,

Il est vrai qu'il n'y a rien de parfait sur la terre - Cependant nous devons tous tendre à la perfection, chercher à dompter nos passions, à avoir la conscience pure, à nous acquitter constamment de nos devoirs envers Dieu, notre prochain & nous-mêmes	Правда, что въ свѣтѣ все не совершенно. Однако мы должны всѣ стараться о совершенствѣ, укротить свои страсти, имѣть чистую совѣсть, отправлять свою должность въ разсужденïи бога, ближняго своего и самаго себя.

APPENDICE,

ou

RECUEIL DE MOTS

FRANÇOIS ET RUSSES.

ПРИБАВЛЕНИЕ

или

СОБРАНИЕ СЛОВЪ

Францусскихъ и россïйскихъ.

De l'homme & des ses parties.

О человѣкѣ и его частяхъ.

Le corps - - - - -	Тѣло
Un cadavre - - - -	Мертвецъ
Un squélette - - - -	Собранныя кости на проволоку

Les

Les parties externes du corps	Наружныя части тѣла
La peau	Кожа
La tête	Голова
Le visage	Лицо
Le front	Лобъ
Un oeil	Глазъ
Les yeux	Глаза
Les sourcils	брови
Les paupiéres	Вѣка
La prunelle	Зрачокъ
Les oreilles	Уши
Le tendon de l'oreille	Хрящъ въ ушахъ
Le poil	Волосы на тѣлѣ
Les cheveux	Волосы
Le poil-follet	Мошекъ
Les tempes	Виски
Les joues	Щеки
Le nez	Носъ
Le tendon du nez	Хрящь въ носу
La bouche	Ротъ
Les lévres	Губы
Le palais	Небо во рту
Les dents	Зубы
Une dent mâcheliére	Коренной зубъ
La gencive	Десна
La mâchoire	Челюсть
La langue	Языкъ
La luette	Язычекъ
Il a la luette abattue	Д него язычекъ упалъ
Le menton	Подбородокъ
La barbe	борода
Le cou, le col	Шея

La gorge	- - - -	Горло
La nuque	- - - -	Затылокъ
Les épaules	- - - -	Плечи
Le dos	- - - -	Спина
L'épine du dos	- - -	Хребетъ
Les vertébres	- - -	Спинные составы
Les bras	- - - -	Руки
Le coude	- - - -	Локоть
Le poing	- - -	Кулакъ
Une poignée	- - -	Горсть
La main	- - -	Кисть
La paume de la main	-	Ладонь
Le dos de la main	-	Задъ руки
Les doigts	- - -	Персты
Le pouce	- - -	большой палецъ
Les ongles	- - -	Ногти
La poitrine	- - -	Грудь
Le ventre	- - -	Животъ
Le côté, ou le flanc	-	бокъ
Le nombril	- - -	Пупъ
La hanche	- - -	бедра
Les cuisses	- - -	Лядвеи
Les genoux	- -	Колѣнки
La jambe	- - -	Нога
La palette du genou	-	Чашка у колѣна
Le gras de la jambe	-	Икра
L'os de la jambe	-	берцо
La cheville	- - -	Лодышка
Le pied	- - -	Нога
Le cou du pied	- -	Плюсна
La plante du pied	-	Подощва
Les talons	- - -	Пяты
Un orteil, un doigt du pied	Палецъ у ноги

L'épi-

L'épiderme	Нечувственная кожа
Une jointure	Составъ
Un os	Кость
La mine	Видъ, образъ, взоръ
Le teint	Краска въ лицѣ
L'air	Взглядъ
Le port	Походка
L'embonpoint	Дородность
La maigreur	Сухощавость
La taille	Станъ
La démarche	Выступка
Les geſtes	Ухвати
Les parties internes du corps	Внутреннія части тѣла
Le têt, le crane	Черепъ
Le ſang	Кровь
Le cerveau, la cervelle	Мозгъ
Les veines	Жилы
Les artéres	большія жилы
Le pouls	Пульсъ
Les nerfs	Становыя жилы
Un tendon	Сухая жила
Les muſcles	Мускулы
Le coeur	Сердце
Le poumon	Лехкое
Le diaphragme	Перепонка
Le goſier	Горло
L'eſtomac	Желудокъ
Le foie	Печенка
Le fiel	Желчь
La rate	Селезенка
Les boyaux	Кишки
La veſſie	Пузырь

La salive	Слюна
Le crachat	Мокрота
La sueur	Потъ
La toux	Кашель
Le rhume	Насморкъ, простуда
La morve	Возгри
Un rot	Рыганїе
Un vent	Вѣтеръ
L'urine	Моча
L'ordure, la merde	Калъ
Les cinq sens	Пять чувствъ
Le sentiment	Чувство
Le toucher	Осязанїе, дотрогиванїе
La vue	Зрѣнїе, видѣнїе
L'ouie	Слухъ
L'odorat	Обонянїе, нюханїе
Le goût	Вкусъ
L'ame	Душа
L'esprit	Умъ
La raison	Разумъ
La pensée	Мысль, дума
Le jugement	Разсужденїе
La volonté	Воля
La mémoire	Память
L'imagination	Воображенїе
Le sens commun	Природной разумъ

De l'univers & des élémens.

О пселенной и стихїяхъ.

Le monde	Свѣтъ, мїръ
Le ciel	Небо
Les planétes	Планеты

Le soleil	Солнце
Les astres	Звѣзды
La lune	Луна, мѣсяцъ
Les étoiles	Звѣзды
Une comète	Комета, звѣзда съ хво= стомъ
Une éclipse	Затмѣнїе
Les élémens	Стихїи
Le feu	Огонь
L'air	Воздухъ
L'eau	Вода
La terre	Земля
Une motte de terre	Глыба земли
Un gazon	Дернъ
La poussière	Пыль, прахъ
Le sable	Песокъ
De l'argile	Горшечная глина
De la terre grasse	Тучная земля
La mer	Море
Une goute	Капля
Une source	Родникъ, ключь
Le déluge	Потопъ
Une inondation	Водополь, наводненїе
Un débordement	Разлитїе рѣки
Les météores	Воздушныя явленїя
Le vent	Вѣтеръ
Un tourbillon	Вихрь
Le tremblement de terre	Трясенїе земли
Un arc-en-ciel	Радуга
La pluie	Дождь
La glace	Ледъ
Des patins	Коньки
Le verglas	Гололедица

La neige	Снѣгъ
La nüe	Облако
Le brouillard	Туманъ
Le tonnerre	Громъ
La foudre	Громовая стрѣла
L'éclair	Молнія
La grêle	Градъ
La gelée	Морозъ
La gelée blanche	Иней
La rofée	Роса
Le chaud	Тепло
Le froid	Стужа

Du tems & des faisons.

О времени и временахъ годовыхъ.

Le jour	День
La nuit	Нощъ
Le midi	Полдень
Le minuit	Полношъ
Le matin	Утро
Le foir	Вечеръ
L'après-dinée	Послѣ обѣда
La foirée	Вечернее время
Une heure	Часъ
Un quart d'heure	Четверть часа
Une demi-heure	Полчаса
Trois quarts d'heure	Три четверти часа
Aujourd'hui	Нынѣ, сего дня
Demain	Завтра
Après-demain	Послѣ завтра
Hier	Вчерась
Avant-hier	Третьяго дня

Ce soir	Сего вечера
Ce matin	Сего утра
Une semaine	Недѣля
Quinze jours	Двѣ недѣли
Trois semaines	Три недѣли
Un mois	Мѣсяцъ
Un an	Годъ
Un moment	Моментъ мгновенїе
Une saison	Время годовое
Le printems	Весна
L'été	Лѣто
L'automne	Осень
L'hiver	Зима
La moisson	Жатва
La récolte	Собиранїе хлѣба
Le glanement	Собиранїе колосовъ
Les vendanges	Собиранїе винограда
Un jour de fête	Праздничной день
Un jour ouvrier	Работной день
Le point du jour	Разсвѣтъ
Le coucher du soleil	Захожденїе солнца
L'aurore	Заря
Il est jour	Ужъ день
Il est nuit	Ужъ ночь
Il fait jour	Ужъ разсвѣло
Il fait nuit	Ужъ темно
Il pleut	Дождь идетъ
Il neige	Снѣгъ идетъ
Il grêle	Градъ идетъ
1 tonne	Гремитъ

Des mois & des jours de la semaine.

О мѣсяцахъ и дняхъ недѣльныхъ.

Janvier	Генварь
Fevrier	Февраль
Mars	Мартъ
Avril	Апрѣль
Donner le poisson d'Avril	Обмануть первымъ Апрѣлемъ
Mai	Май
Juin	Іюнь
Juillet	Іюль
Août	Августъ
Septembre	Сентябрь
Octobre	Октябрь
Novembre	Ноябрь
Décembre	Декабрь
Dimanche	Воскресеніе
Lundi	Понедѣльникъ
Mardi	Вторникъ
Mécredi	Среда
Jeudi	Четвертокъ
Vendredi	Пятница
Samedi	Суббота

Noms des fêtes.
Имена праздниковъ.

La nativité de notre Seigneur Jesus-Christ	Рождество Господа нашего Іисуса Христа.
Noel	Рождество
Le nouvel an	Новой годъ
Le jour de l'an	Первой день года

Les

Les étrennes	Подарокъ новаго году
L'épiphanie	Крещенїе
L'apparition de Jesus-Chrift	Богоявленїе Господне
La purification, la chandeleur	Срѣтенїе Господне
Le carnaval	Карнавалъ
Le mardi-gras	Заговѣнье
Le carême	Постъ
Les quatre-tems	Четыре времена
L'annonciation	Благовѣщенїе
Le dimanche des rameaux, pâque fleurie	Вербное воскресенїе
Le jeudi-faint	Великїй четвертокъ
Le vendredi-faint	Страстная пятница
La femaine-fainte	Страстная недѣля
Le jour de pâque	Свѣтлое Воскресенїе
L'afcenfion	Вознесенїе
La pentecôte	Сошествїе Святаго духа
La trinité	Троицынъ день
La faint Jean	Ивановъ день
Les fêtes des apôtres	Апостолвскїе праздники
La touffaint	День всѣхъ Святыхъ
La voille	Сочельникъ

De Animaux à quatre pieds.

О звѣряхъ четвероногихъ.

Un animal	Звѣрь
Une bête	Скотъ
Une bête à corne	Рогатой скотъ
Une bête féroce	Дикой звѣрь
Un troupeau de bétail	Стадо скотины

Une

Une bête sauvage	Дикой звѣрь
Un agneau	Ягненокъ
Un âne	Оселъ
Une ânesse	Ослиха
Un ânon	Осленокъ
Une be'ette	Ласточка
Un belier	Овенъ
Une biche	Лань
Un bléreau, un taisson	Барсукъ
Un bouc	Козелъ
Une brebis	Овца
Un bufle	Буйволъ
Un castor	Бобръ
Une cavale, une jument	Кобыла
Un cerf	Олень
Un chameau	Верблюдъ
Un chamois	Сайга
Un chat	Котъ
Une chatte	Кошка
Un cheval	Лошадь
Une chévre	Коза
Un chevreuil	Серна, дикая коза
Un chien	Собака
Un chien de chasse	Гончая собака
Une chienne	Сука
Un petit chien	Собачка
Une civette	Выхухоль
Un cochon, un porc	Свинья
Un cochon de lait	Поросенокъ
Un daim	Дикая коза
Un écureuil	Бѣлка
Un élan	Лось
Un éléphant	Слонъ

Un

Un étalon, ou un cheval entier	Жеребецъ
Un fân, ou faon	Молодой олень
Une geniſſe	Телица
Une guenon	Мартышка
Une haſe	Заячиха
Un hériſſon, un porc-épic	Іожь
Une hermine	Горностай
Une laie	Супоросная свинья
Un lapin	Королекъ
Un léopard	Леопардъ, барсъ
Un levraut	Зайчикъ
Une levrette	Выжлица
Un levrier	борзая собака
Une licorne	Единорогъ
Un liévre	Заяцъ
Un lion	Левъ
Une lionne	Львица
Un loup	Волкъ
Un loup-cervier, un lynx	рысь
Une loutre	Выдра
Une louve	Волчица
Un marcaſſin	Молодой боровъ
Une martre, ou marte	Куница
Une martre, une zibeline	Соболь
Un mouton	баранъ
Un mulet	Лошакъ
Une mule	Лошачья самка
Un ours	Медвѣдь
Une ourſe	Медвѣдица
Un mulot	Полевая мышь
Un renard	Лисица
Un ſanglier	Кабанъ

Un singe	Обезьяна
Une souris	Мышь
Une taupe	Кротъ
Un taureau	Быкъ
Un tigre	Тигръ, барсъ
Une vache	Корова
Un veau	Теленокъ
Un verrat	Боровъ
Un ure	Буйволъ
La mue du cerf	Отпаденïе рогъ оленьихъ
La mue des bêtes	Линянïе скота
La bouche du cheval	Лошадиное рыло
La gueule du loup	Волчей ротъ
La gueule du lion	Львиной ротъ
Le mufle du taureau	Бычачье рыло
Le museau du chien	Собачье рыло
De la laine	Шерсть
Une corne	Рогъ
Une hure de sanglier	Кобанья голова
Un ongle	Копыто
Un ergot	Щотка у ноги
Le bois du cerf	Оленьи рога
Les défenses du sanglier	Кабаньи клыки

Des oiseaux.

О птицахъ.

Un aigle	Орелъ
Une alouette	Жаворонокъ
Un aiglon	Орленокъ
Un autour	Ястребъ
Une autruche	Строусъ птица

Une

Une becasse	Куликъ
Une bergeronette, un ho-che-queue	Трясогуска, синица
Un biset	Горлица
Un butor	Выпь
Une caille	Перепелка
Un canard	Селезень
Une cercelle, une poule d'eau	Нырокъ, утка
Un chapon	Каплунъ
Un chardonneret	Щегленокъ
Une chauve-souris	Нетопырь, лѣтучая мышь
Une chouëtte	Сова
Un cigne	Лебедь
Une cicogne	Аистъ, цапля
Un coq	Пѣтухъ
Un coq de bois	Глухой тетеревъ
Un coq de bruyére	Тетеревъ
Un cop d'inde	Индѣйской пѣтухъ
Un corbeau	Воронъ
Une corneille	Ворона
Un coucou	Кокушка
Un épervier	Копчикъ
Un étourneau	Скворецъ
Un faisan	Фазанъ
Un francolin	Ряпчикъ
Un geai	Соя
Une grue	Журавль
Une grive	Сѣрой дроздъ
Un hibou	Сова
Une hirondelle	Ласточка
Une huppe	Удодъ

Un

Un jars	Гусакъ
Une linotte	Коноплянка
Un loriot	Зяблица
Un martinet	Стрижь
Un merle	Черной дроздъ
Un milan	Коршунъ
Une oie	Гусь
Un moineau, un passereau	Воробей
Un paon	Павлинъ
Un pélican	Пеликанъ
Une perdrix	Сѣрая куропатка
Un perroquet	Попугай
Un pic	Дятелъ
Un pic-verd	Зеленой дятелъ
Une pie	Сорбка
Un pigeon	Голубь
Un pigeonneau	Голубенокъ
Un pinçon	Зяблица
Un plongeon	Нырокъ
Une poule	Курица
Un poulet	Цыпленокъ
Un poussin	Цыпленочекъ
Un ramier	Горлица
Un roitelet	Малиновка
Un rossignol	Соловей
Un rouge-gorge	Снигирь
Un serin	Чижикъ
Un serin de canaries	Кенарейка
Une tourterelle	Египецкой голубь
Un vanneau	Пиголица
Un vautour	Коршунъ
De la volaille	Птицы, дичина
Le bec	Носъ

La

La crête	Гребень
La huppe	Хохолъ
L'aîle	Крыло
Le jabot	Зобъ
Le gosier	Горло
Le pied	Нога
Les serres, les griffes	Кохти
Une plume	Перо
Le plumage	Перья
Le duvet	Пухъ
Un oeuf	Яицо
La coquille	Скорлупа яичная
Le blanc	Бѣлокъ
Le jaune	Желтокъ
Les oiseaux s'apparient	Птицы понимаются
La femelle pond les oeufs & les couve	Самка лицы несетъ и высиживаетъ
Un nid	Гнѣздо
Une nichée	Гнѣздо съ птицами
Un appellant	Приманная птица
Une trappe	Западня
Un piége	Силокъ
Un appeau	Приманная утка

Des insectes & vermines.

О несѣкомыхъ.

Une abeille, une mouche à miel	Пчела
Un essaim	Рой
Une ruche	Улей
Chatrer une ruche	Улей подбирать

Une

Une araignée	Паукъ
Une toile d'araignée	Паутина
Un bourbon	Шершень
Une cantaride	Шпанская муха
Un cerf-volant	Рогатой жукъ
Un charenſon	Саранча
Une chenille	Гусеница
Une cigale, une ſautarelle	Кузнечикъ
Un ciron	Чернь
Un couſin, un moucheron	Комаръ
Un eſcarbot	Жукъ
Un fouille-merde	Навозной жукъ
Une fourmi	Муравей
Une fourmilliére	Муравейникъ
Un frêlon	Оводъ
Un grillon	Сверчекъ
Une guêpe	Оса
Un guillot	Сырной червь
Un hanneton	Жукъ
Une lente	Гнида
Une mite	Червякъ обощной
Une mouche	Муха
Un papillon	бабочка
Un pou	Вошъ
Une puce	блоха
Une punaiſe	Клопъ
Une ſang-ſue	Піявица
Un ſcorpion	Скорпіонъ
Un taon	Оводъ
Une tigne	Моль
Un ver	Червь
Un vermiſſeau	Червячекъ
Un ver à ſoie	Шелковой червь

Un

Un ver de bois	Деревоточной червь
Un ver de terre	Земляной червь
Un ver luifant	Свѣтлой червь

Des animaux reptiles.

О пресмыкающихся.

Un afpic	Аспидъ
Un bafilic	Василискъ
Un crocodile	Крокодилъ
Une couleuvre	Змія
Un crapaud	Жаба
Un dragon	Драконъ
Un efcargot	Улитка
Une grenouille	Лягушка
Un lefard	Ящерица
Un limaçon	Улитка
Une falamandre	Саламандра
Un ferpent	Змія
Une tortue	Черепаха

Du jardinage, des fleurs & des arbres.

О садахъ, цпѣтахъ и дерепахъ.

Un jardin, un verger	Садъ
Un potager	Огородъ
Une vigne	Винница
Un parterre	Цвѣтникъ
Une planche	Гряда
Une couche	Парникъ
Un efpalier	Шпалеры
Une fleur	Цвѣтокъ

Un bouton de fleur -	Цвѣточная голова
Ce bouton s'épanouit -	Сей цвѣтокъ разцвѣтаетъ
Il est éclos - - - -	Онъ разцвелъ
Une amarante - - -	Амарантъ
Un bluët - - - -	Василекъ
Une camomille - - -	Хамелеонъ, рамашка
Une campanelle - - -	Колокольчикъ
La grenadille - - -	Пасїонъ цвѣтъ
L'hyacinthe - - - -	Яцинтъ
Le jasmin - - - -	Шесминъ
Une jonquille - - -	Желтой нарцисъ
Un lis - - - - -	Лилея
Un narcisse - - - -	Нарцисъ
Un oeillet - - - -	Гвоздика
Le pavot - - - -	Макъ
Une pivoine - - -	Пїонъ
Une rose - - - -	Роза
Une tubereuse - - -	Тубероза
Un tournesol - - -	Подсолнечникъ
Une tulipe - - - -	Тюльпанъ
Une violette - - -	Фїалка
Un arbre - - - -	Дерево
Un arbrisseau - - -	Кустъ
La racine - - - -	Корень
Le tronc - - - -	Пень
Une branche - - -	Сукъ
Un rameau - - - -	Вѣтвь
Un tendron - - -	Отростокъ
Une feuille - - -	Листъ
L'écorce - - - -	Корка
La poulpe - - - -	Дерево подъ коркою
La moelle - - - -	Сердце

Un

Un abricotier	Абрикозовое дерево
Un amandier	Миндальное дерево
Une aube-épine	Терновникъ
Un aune	Ольха
Le buis	Зеленица
Un bou'eau	Береза
Un cédre	Кедръ
Un cerisier	Вишня
Un châtaignier	Каштанъ
Un chêne	Дубъ
Un citronnier	Цитронное дерево
Un coudrier, un noisettier	Орещникъ
Un cyprès	Кипарисъ
Un datier	Финикъ
Un érable	Кленъ
Un fau	Букъ
Un figuier	Фиговое дерево
Un frêne	Ясень
Un grenadier	Гранатное дерево
Un genevrier	Можжевельникъ
Un groseillier	Смородинникъ
Un laurier	Лавръ
Du liége	Корковое дерево
Un myrte	Миртовое дерево
Un noyer	Грецкое дерево
Un olivier	Оливковое дерево
Un oranger	Померанцовое дерево
Un orme	Вязъ
Un palmier	Пальмовое дерево
Un pêcher	Персиковое дерево
Un pin	Сосна
Un poirier	Груша
Un prunier	Слива

Une

Une ronce	Малиновой кустъ
Un rosier	Розовой кустъ
Un sapin	Ель
Un saule	Ветла, ива
Un tilleul	Липа
Un tremble	Осина
Une vigne	Виноградъ
Une allée	Аллея
Une feuillée	бесѣдка
Un petit bois	Роща
Le frais	Холодокъ
L'ombre	Тѣнь
Une fontaine	Фонтанъ
Les canaux	Каналы

Les couleurs.

Цвѣты.

Blanc	бѣлой
Noir	черной
Rouge	Красной
Verd	Зеленой
Jaune	Желтой
Bleu	Синей, васильковой
Bleu-mourant	блеморантовой
Brun	Гвоздичной
Gris	Сѣрой
Violet	Фіалетовой
Incarnat	Тѣлесной
Couleur de chair	Мясной цвѣтъ
Ponceau	Пунцовой
Couleur d'orange	Померанцовой

Feuille-

Feuille-morte	блѣдножелтой
Couleur d'olive	Оливковой
Couleur de paille	Соломенной
Couleur de rose	Розовой
Cramoisi	Кармазинной
Minime	Кашшановой цвѣтъ
Couleur de feu	Огневой цвѣтъ
Céladon, ou verd de mer	бирюзовой цвѣтъ
Gris cendré	Пепельной
Couleur de brique	Кирпичной
Couleur de cerise	Вишневой
Colombin	Голубой
Gris de perle	Жемчужной
Couleur de soufre	Сѣрожелтой
Verd gai	Свѣтлозеленой
Verd d'herbe	Зеленой
Verd brun	Темнозеленой

Des métaux.

О рудахъ.

L'or	Золото
L'argent	Серебро
Le fer	Желѣзо
Le plomb	Свинецъ
De la céruse	бѣлилы
Du blanc d'espagne	бѣлилы
Le bronze	Колокольная-мѣдь
Le cuivre	Красная мѣдь
L'airain	Мѣдная руда
L'étain d'angleterre	Аглинское олово
L'acier	Сталь

Le

Le vif-argent - - -	Ртуть
L'aimant - - - -	Магнитъ
Le fer-blanc - - -	Жесть
Le fil-d'archal - - -	Проволока
Le foufre - - - -	Сѣра
Le verd de gris - -	Ярь веницейская
Le verre - - - -	Стекло

Des poiſſons.

О рыбахъ.

Un poiſſon - - - -	Рыба
Un poiſſon laité, ou mâle	Рыба молочная, или самецъ
Un poiſſon oeuvé, ou femelle - - - - -	Рыба съ икрою, или самка
Un albe - - - -	Бѣлая рыбица
Une anguille - - -	Угорь
Une baleine - - -	Китъ
Une brême - - -	Лещъ
Un brochet - - -	Щука
Un brocheton - - -	Щучка
Un chabot - - -	Снятокъ
Un cancre - - -	Ракъ
Un congre - - -	Морской угорь
Une carpe - - -	Сазанъ
Un caraſſin - - -	Карась
Un dauphin - - -	Дельфинъ
Une écreviſſe - - -	Ракъ
Les écreviſſes font en mue	Раки линяютъ
Un éturgeon - - -	Осетръ

Un

Un gardon	Плотица
Un goujon	Пискарь
Un hareng	Сельдь
Un hareng fauret	Поровая сельдь
Un hareng fumé	Копчоная сельдь
Un homard	Морской ракъ
Une huître	Устрица
Une lamproie	Вьюнъ, миноги
Une loche	Уклейка
Le merlus	Треска
De la morue	Свѣжая треска
Une moule	Раковина
Une perche	Окунь
Une fardine	Анчоусъ
Un faumon	Семга
Une tanche	Линь
Une truite	Форелъ
Un aileron	Рыбье перо
Une écaille	Рыбья чешуя
Une arête	Рыбья кость
Les poiſſons fraient, ou font des oeufs	Рыбы мечутъ икру
Eventrer un poiſſon	Рыбу потрошить
La laitance, la laite	Рыбьи молоки
Les oeufs	Икра
L'amer	Желчь
Les ferres des écreviſſes	Раковыя клещи
Une hure de brochet	Щучья башка
Une hure de carpe	Сазанья башка
Une hure de faumon	Семужья башка

DIALOGUES FAMILIERS.

<table>
<tr><td>

1. *Dialogue.*

Où allez-vous si matin ?

Je vais en classe

A quelle heure devez-vous y être ?

Lorsque la cloche sonne

A quelle heure sonne-t-elle ?

A sept heures

Les écoliers qui arrivent après la cloche sonnée, sont-ils punis ?

Le précepteur les fait mettre à genoux,

Y restent-ils long-tems ?

Jusqu'à ce que le maitre leur permette de se lever.

Que faites-vous en classe d'abord après la cloche sonnée ?

On commence à réciter les leçons

Que fait on à ceux qui n'ont pas appris leurs leçons ?

Le maitre les punit à sa volonté ?

</td><td>

1. *Разговоръ.*

Куда вы такъ рано идете ?

Я иду въ классъ.

Въ которомъ часу должны вы тамъ быть ?

Какъ звонокъ ударитъ.

Въ которомъ часу звонокъ бьетъ,

Въ семь часовъ.

Ученики, кои приходятъ по пробитіи звонка, бываютъ ли наказаны ?

Учитель ихъ ставитъ на колѣни,

Долго ли они такъ стоятъ ?

До того времяни, какъ учитель имъ позволитъ встать.

Что вы дѣлаете въ классѣ по пробитіи звонка ?

Начинаютъ читать уроки.

Что тѣмъ дѣлаютъ, кои уроковъ своихъ не выучаютъ ?

Учитель ихъ наказываетъ по своей волѣ.

</td></tr>
</table>

Que

Que faites-vous ensuite ? -	Что вы дѣлаете потомъ.
Le maître corrige le thême, qu'il nous a donné à faire à la maison. -	Учитель поправляетъ тему, которую онъ намъ задалъ дѣлать дома.
Corrige-t-il celui de chaque écolier en particulier ? - - - -	Всякаго ли ученика тему особливо поправляетъ
Non, cela prendroit trop de tems. - - - -	Нѣтъ, такъ будетъ много времяни.
Comment fait-il donc ? -	Какъ же онъ дѣлаетъ ?
Il fait lire le thême à deux ou trois écoliers, & tous les autres alors corrigent le leur. - - - -	Онъ велитъ читать тему двумъ или тремъ ученикамъ, а протчіе всѣ должны тогда по ней свои поправлять.
Ne faites-vous pas autre chose ? - - - -	Не дѣлаете ли вы еще чего ?
Alors le maître nous dicte un thême pour le lendemain. - - - -	Тогда учитель намъ диктуетъ тему къ завтрему.
Où faites vous ce thême ? -	Гдѣ вы ее дѣлаете ?
A la maison. - - -	Дома.
Ne vous assigne-t-il pas quelqu'autre leçon d'une classe à l'autre ? - -	Не назначаетъ ли онъ вамъ какова инаго уроку къ другому классу ?
Il nous donne toujours quelque chose à apprendre par coeur. - - -	Онъ намъ даетъ всегда что нибуть учить наизусть.
Pourquoi cela ? - - -	Для чего это ?
Pour cultiver & enrichir notre mémoire. - -	Чтобъ пріучить и набогатить нашу память.

Ne

Ne fait-on pas autre chose en classe? - - -	Не дѣлаютъ ли еще инаго чего въ классѣ.
Le maître explique ensuite les régles de la grammaire jusqu'à neuf heures. - - -	Учитель толкуетъ потомъ грамматическіе правила даже до девяти часовъ.

2. Dialogue. — 2. Разговоръ.

Monsieur, on vous appelle pour dîner. - - -	Мой господинъ! васъ зовутъ обѣдать.
Quelle heure est-il? - -	Которой часъ?
Il est midi & demi. - -	Полчаса перваго.
Pourquoi dîne-t-on aujourd'hui de si bonne heure?	Для чего кушаютъ сего дня такъ рано?
Parce que votre frère aîné doit partir pour la campagne - - - / -	Для того, что вашъ большой братъ долженъ ѣхать въ деревню.
A-t-on déjà servi? - -	Да готово ли кушанье?
Oui, Mr., on est à table - - - -	Да М. Г. уже сѣли за столъ.
Vous vous faites bien attendre - - - -	Васъ надобно долго дожидаться.
Je vous demande pardon; j'apprenois ma leçon. -	Прошу меня простить, я училъ мой урокъ.
Souhaitez-vous de la soupe?	Изволите ли вы супу?
Je vous prie de me donner du jambon - -	Пожалуйте дайте мнѣ ветчины.
Pourquoi ne mangez-vous point de soupe? - -	Для чего вы не кушаете супу.
Parcequ'il y a du persil, &	Для того что въ немъ есть петрушка, а вы

vous

vous savez qu'il m'incommode. - - -	знаете, что она мнѣ противна
Ce ragoût est-il bon ? -	Хорошъ ли этотъ соусъ ?
Il est trop salé - - -	Онъ очень солонъ.
Découpez cette poule. -	Разрѣшите эту курицу.
Elle est fort tendre. - -	Она очень мягка.
Est-elle bien cuite ? - -	Гораздо ли уварена ?
Fort bien. - - - -	Весьма изрядно.
Voulez-vous boire ? - -	Не изволите ли пить?
Souhaitez-vous de la biére?	Изволите ли пива ?
Du vin blanc ? - - -	Вина бѣлаго ?
Du vin rouge? - - -	Вина краснаго ?
De l'hydromel ? - - -	Меду ?
Demandez ce que vous voudrez. - - - -	Спросите чего изволите.
Je boirai de l'hydromel. -	Я выпью меду.
Je ne bois point de vint rouge, j'aime mieux le blanc.	Я не пью вина краснаго, я люблю лутче бѣлое.
Le rouge m'incommode. -	Красное мнѣ противно.
Le blanc ne m'a jamais fait de mal. - - -	Бѣлое ни когда мнѣ не вредило.
Mr. j'ai l'honneur de boire à votre santé. - - -	М. Г. я имѣю честь пить за ваше здоровье.
Je vous remercie. - -	Я благодарствую
J'ai l'honneur de boire à la vôtre. - - - -	Я имѣю честь пить за ваше.
Cet hydromel est excellent, - - - -	Этотъ медъ очень хорошъ,
Ce vin rouge est un peu aigre, - - - -	Вино красное нѣсколько кисло,
Aimez-vous la biére d'angleterre ? - - - -	Любитель вы аглинское пиво ?

Non

Non , Mr. elle eſt trop forte. - - - -	Нѣтъ М. Г. оно весьма крѣпко.
Le café eſt-il prêt ? - -	Поспѣлъ ли кофе ?
Allons le prendre. ' - -	Пойдемъ пить.

3. Dialogue.

3, Разговоръ.

Savez-vous votre leçon ? -	Знаете ли вы свой урокъ?
Non , Mr. je n'ai pas eu le tems de l'apprendre. -	Нѣтъ М. Г. я не имѣлъ времяни ево выучить.
Pourquoi n'avez-vous pas eu le tems de l'apprendre ? - - - -	Для чево не имѣли вы времяни ево выучить ?
Parce que j'ai été tout le jour en viſite avec ma chére mére. - - -	Для того что я былъ во весь день съ матушкою въ гостяхъ.
Votre chére mére a tort , de vous faire négliger votre devoir. - - -	Ваша матушка въ томъ не имѣетъ права, что бы вы для ее оставили вашу должность.
Mais ce que vous dites , eſt-il bien vrai ? - - -	Однако правда ли то, что вы говорите ?
Voila un billet de ma chére mére, qui vous en convaincra. - - - -	Вотъ цыдулка отъ моей матушки, которая васъ въ томъ увѣритъ.
Je veux bien recevoir cette excuſe aujourd'hui, ſoyez plus diligent une autre fois.	Я теперь сіе извиненіе прійму , только будьте прилѣжнѣе впредь.
Je n'y manquerai pas. -	Я того не преминȣ.
Quand eſt-ce que votre chére mére part pour la campagne ? - - -	Когда ваша матушка ѣдетъ въ деревню ?

Elle

Elle partira à la fin du mois.	Она поѣдешъ въ послѣднихъ числахъ мѣсяца.
Y restera-t-elle long-tems?	Долго ли она тамъ проживетъ?
Jusqu'aux fêtes de Noël.	До святокъ.
Où demeurerez-vous pendant son absence?	Гдѣ вы будете жить во время ея отсутствія?
Chez mon cher oncle.	У моего дядюшки.
Où demeure-t-il?	Гдѣ онъ живетъ?
Près de la porte rouge	У красныхъ воротъ.
Avez-vous acheté les livres, qui vous sont nécessaires?	Купили ли вы книги, которыя вамъ надобны?
Pas encore.	Нѣтъ еще.
Pourquoi ne les avez-vous pas achetés?	Для чего же вы ихъ не купили?
Parce qu'on ne les trouve pas à Moscau.	Для того, что ихъ въ москвѣ нѣтъ.
D'où les ferez-vous donc venir?	Откуда же вы ихъ получите,
De St. Pétersbourg.	Изъ Санктпетербурга.
Pourquoi venez-vous en classe si tard & sans papier?	Для чего вы приходите въ классъ такъ позно и безъ бумаги?
Mon cousin m'en donnera.	Мой братецъ мнѣ дастъ.
Pourquoi n'apportez-vous point votre écritoire?	Для чего вы не приносите вашей чирнильницы?
Je l'ai oubliée à la maison,	Я ее забылъ дома,
Vous avez fort mal fait.	Вы здѣлали весьма худо.

Un

Un écolier fans encre & fans papier eft comme un foldat fans armes. - -	Ученикъ безъ чернилъ и безъ бумаги такъ какъ салдатъ безъ ружья.

4. Dialogue.	4. Разговоръ.
Pourquoi vous levez - vous fi tard ? - - - -	Для чего вы встаете такъ поздо?
Parce que je n'ai pas pu me coucher de bonne heure.	Для того, что мнѣ не можно было лѣчь спать рано.
Qui vous en a empêché?	Кто вамъ въ томъ препятствовалъ?
J'ai été à la promenade après foupé avec mon cher pére. - - -	Мы съ батюшкомъ послѣ ужины прогуливались.
Vous auriez mieux fait de vous priver du plaifir de la promenade. - -	Вы бы лутче здѣлали, когдабъ оставили веселость гулянья.
Je vous demande pardon.	Прошу меня простить.
Une autre fois je me coucherai de bonne heure, afin de me lever de bon matin. - - - -	Впредь я буду ложиться ранѣе, чтобъ вставать не поздо.
Vous ferez fort bien. -	Вы здѣлаете весьма изрядно.
Il ne faut jamais que le plaifir nous engage à négliger notre devoir. - -	Никогда не надобно, чтобъ веселье насъ принуждало оставлять нашу должность.
Il faut s'accoutumer à s'en priver dans la jeuneffe.	Должно привыкать убѣгать того въ молодости.

La jeunesse est un tems précieux. - - - -

Si vous perdez vos premiéres années, vous vous en repentirez dans la suite. - - - -

M^r. je vous suis bien obligé de l'intérêt que vous prenez à ce qui me regarde. - - - -

Je me ferai toujours un devoir de me conformer à vos conseils. - - -

Je vous ai dit souvent, que l'oisiveté est la mére de tous les vices. - -

J'éviterai toujours avec soin de m'en rendre coupable.

Vous savez que votre bonheur dépend des progrès que vous ferez. - -

Je vous promets de m'appliquer toujours avec soin.

Quand on est jeune il faut travailler pour soi. -

Vous m'avez souvent dit que c'étoit le seul moyen

Юность время драгоцѣнное.

Когда вы первые ваши годы потеряете, то напослѣдокъ непремѣнно раскаетесь.

М. Г. я вамъ весьма долженъ за участіе, которое вы пріемлете въ моемъ благополучіи.

Я за должность себѣ считать буду, чтобъ полагаться на вашихъ совѣтахъ.

Я вамъ многократно говаривалъ, что лѣность мать всѣхъ пороковъ.

Я всегда буду стараться, чтобъ не здѣлаться въ томъ виновнымъ.

Вы знаете, что ваше благополучіе зависитъ отъ успѣховъ, которые вы здѣлаете.

Я вамъ обѣщаюсь всегда быть прилѣжнымъ.

Во младости должно трудиться для себя.

Вы мнѣ часто говаривали, что то единое

de pouvoir dans la suite être utile au public. -

Un des premiers devoirs de l'homme, c'est de servir sa patrie. - - -

Ne seriez-vous pas bien fâché, de ne pouvoir jamais lui rendre aucun service. - - -

Je me haïrois moi-même, si je me trouvois dans un si triste état. - - -

Vous pensez très-bien; mais il ne suffit pas de bien penser, il faut agir en conséquence. - -

Je vous prie de m'aider toujours de vos conseils.

Vous pouvez toujours disposer de moi, je vous assure que ma reconnoissance ne finira qu'avec ma vie. - - - -

средство, которымъ напослѣдокъ здѣлаться можно полѣзнымъ обществу.

Сія первѣйшая человѣку должность, чтобъ служить своему отечеству.

Не прискорбно ли вамъ будетъ, когда вы не въ состояніи будете никогда ему никакой услуги оказать.

Я бы самъ себя возненавидѣлъ, есть ли бы нашолся въ такомъ случаѣ.

Вы разсуждаете весьма изрядно, но того не довольно, слѣдовательно по тому поступать должно.

Я прошу вспомоществовать мнѣ всегда вашими совѣтами.

Вы можете всегда считать меня въ вашихъ повелѣніяхъ, я васъ увѣряю, что моя чувствительность не окончится, какъ съ моею жизнію.

SENTENCES	ПРА́ВИЛА
morales.	*нравоучи́тельныя.*

1.	**1**
La crainte de Dieu eſt le commencement de la ſageſſe.	Страхъ бо́жїй есть нача́ло премудрости.

2.	**2**
La ſcience eſt d'un ſi haut prix, que perſonne ne la vend pour de l'argent.	Наука есть такой вы́сокой цѣны, что ее никто за деньги не продаетъ.

3.	**3**
Qui fait attention ſur ce qui ſe paſſe dans le monde, en prend exemple pour faire le bien, ou pour éviter les défauts qu'il y remarque.	Тотъ, которой примѣчаетъ свѣтскїя обраще́нїя, беретъ изъ того примѣръ добра дѣлать, или удаляться отъ погрѣшностей кои во о̑номъ усма́триваетъ.

4.	**4**
Il faut plutôt s'attacher à embellir l'ame que le corps.	Лутче стараться душу украсить, нежели тѣло.

5.	**5**
Ce ſont deux défauts que de ſe fier à tout le monde, & de ne ſe fier à perſonne.	Сїи суть два порока, себя ввѣрять всякому, и никому себя не ввѣрять.

6.	**6**
Avant que de choiſir des	Прежде нежели себѣ
	amis

amis, on doit confidérer leurs moeurs.

друзей, выберешь, надлежитъ смотрѣть на ихъ нравы.

7

De deux mauvais chemins, il faut fuivre le plus fûr & plus aifé.

Изъ двухъ худыхъ дорогъ надобно надежнѣйшею, и способнѣйшею слѣдовать.

8

Frein doré ne rend pas le cheval meilleur, & habit brodé ne rend pas le fou plus fage.

Лошадь не бываетъ лутче отъ златой узды, ни дуракъ умнѣе для богатаго платья.

9

Les grands vanteurs font de petits faifeurs.

Великіе хвастуны мало могутъ дѣлать.

10

Le vin vieux, la vieille monnoie & les vieux amis, emportent toujours le prix.

Старое вино, монета, идрузья берутъ преимущество.

11

Il faut fagement conferver ce qu'on a utilement acquis.

Надобно весьма разумно сохранять то, что къ пользѣ достали.

12

Le corps s'engraiffe à force de dormir, mais l'efprit s'augmente à force de veiller.

Тѣло жирѣетъ отъ многаго сна; но разумъ прибавляется отъ многаго труда.

13

On cherche des richeffes, & on ne les trouve

Ищутъ богатсва, не находятъ, однако,

pas;

pas; cependant, chofe é-
trange! on ne cherche pas
la fin de fes jours, & on
la trouve.

14.

Ne vous laiffez pas fédui-
re par la multitude, parce
que vous ferez feul quand
vous mourrez, & quand
vous rendrez votre compte.

15.

Ne méprifez perfonne en
quelque état de baffeffe qu'il
foit; la fortune peut l'éle-
ver, & vous abaiffer.

16.

Pour arriver au comble
de la fageffe, il ne faut ni
trop manger ni trop dor-
mir, ni trop boire ni trop
parler.

17.

Un livre eft le meilleur
des amis; vous vous entre-
tenez agréablement avec
lui, lorfque vous n'avez
pas un ami à qui vous puif-
fiez vous fier; il ne révéle

вещь странная! не и-
щутъ конца дней сво-
ихъ, а находятъ.

14.

Не отдавай себя во
искушенїе проччимъ,
ибо ты будешь одинъ,
когда умирать станешь,
и когда отчетъ будешь
свой давать.

15.

Не презирай никого,
хоть бы въ какомъ уни-
женномъ состоянїи былъ
кто, щасшїе можетъ
его возвысить, а тебя
унизить.

16.

Ежели достичь до му-
дрости, то не надобно
лишно ѣсть, ни лишно
спать, ни лишно пить
и ни лишно говорить.

17.

Книга есть лутчей
другъ, ты съ нею прї-
ятно разговариваешь,
когда не имѣешь дру-
зей, кому бъ могъ себя
ввѣрить, она не от-

pas

pas vos fecrets, & il vous enfeigne la fageffe.

крываетъ твоихъ таинствъ и научаетъ тебя мудрости.

18.

La fcience a cet avantage, qu'elle fait que ceux qui la poffédent, commandent à ceux auxquels ils font foumis.

28.

Наука имѣетъ сїю пользу, что тѣ, кои ею владѣютъ, повелѣваютъ тѣми, коимъ сами подвержены.

19.

Le refpect & la civilité entre les amis, doivent être de l'un & de l'autre côté.

19.

Почтенїе и учтивость между друзьями должны быть съ обѣихъ сторонъ.

20.

Apprenez par les malheurs des autres, ce que vous ne voulez aprendre à vos dépens.

20.

Научайся нещастїями другихъ тому, чего ты собою не хочешъ научиться.

21.

Apprenez à fupporter conftamment les changemens de la fortune.

21.

Научайся спокойно сносить перемѣны щастїя.

22.

Qui ne combat point, ne remporte pas la victoire; & qui ne travaille point, ne remporte pas le gain.

22.

Кто не бьется тотъ не получаетъ побѣды, и кто не трудится, тотъ прибытка не получаетъ.

23.

Le repos eft doux après la fatigue.

23.

Покой прїятенъ послѣ трудовъ.

24.

<table>
<tr><td>

24.

Reconnoissez un Dieu, retenez votre langue, réprimez votre colére, faites acquisition de la science, demeurez ferme dans votre religion, abstenez-vous de faire le mal, fréquentez les bons, couvrez les défauts de votre prochain, soulagez les pauvres de vos aumônes, & attendez l'éternité pour récompense.

</td><td>

24.

Признавай единаго бога, сократи языкъ твой, удержи гнѣвъ твой, снискивай себѣ науки, будь крѣпокъ въ законѣ своемъ, удержися отъ худаго дѣла, сбходися съ добрыми, покрывай грѣхи ближняго твоего, дѣлай вспоможеніе бѣднымъ милостынею твоею, и ожидай вѣчности для мздовоздаянія.

</td></tr>
</table>

LES CHIFFRES LATINS.
ЧИСЛА ЛАТИНСКІЯ.

I. II. III. IV. V. VI. VII. VIII. IX. X.
XI. XII. XIII. XIV. XV. XVI. XVII. XVIII.
XIX. XX. XXX. XL. L. LX. LXX. LXXX.
XC. C. CC. CCC. CCCC. D. DC. DCC.
DCCC. DCCCC. M.

M DCC LX IV.

LES CHIFFRES COMMUNS
OU ARABES.
ЧИСЛА ОБЩІЯ, ТАКЪ НАЗЫВАЕМЫЯ АРАПСКІЯ.

1. 2. 3. 4. 5. 6. 7. 8. 9. 10. 20.
30. 40. 50. 60. 70. 80. 90. 100.
200. 300. 400. 500. 600. 700. 800.
900. 1000.

TABLE

TABLE
DE MULTIPLICATION.

ТАБЛИЦА
УМНОЖЕНІЯ.

1	2	3	4	5	6	7	8	9
2	4	6	8	10	12	14	16	18
3	6	9	12	15	18	21	24	27
4	8	12	16	20	24	28	32	36
5	10	15	20	25	30	35	40	45
6	12	18	24	30	36	42	48	54
7	14	21	28	35	42	49	56	63
8	16	24	32	40	48	56	64	72
9	18	27	36	45	54	63	72	81

De la febre alle [...] jamais trop [...]
[...]
[...] a fait un [...]
Jamais [...] la [...]
[...]

et un [...] pour les [...]

de [...] febure trop [...]
et fut malade [...]
[...]